做中层

——老板用你、下属服你的高效工作法

黄梓博◎著

中国经济出版社
CHINA ECONOMIC PUBLISHING HOUSE
·北京·

图书在版编目（CIP）数据

做中层：老板用你、下属服你的高效工作法／黄梓博著．
北京：中国经济出版社，2018.5
ISBN 978－7－5136－5122－6
Ⅰ.①做…　Ⅱ.①黄…　Ⅲ.①企业管理—通俗读物　Ⅳ.①F272－49
中国版本图书馆 CIP 数据核字（2018）第 050505 号

责任编辑　海　毅　高晓晔
责任印制　马小宾
封面设计　任燕飞设计室

出版发行　中国经济出版社
印 刷 者　北京柏力行彩印有限公司
经 销 者　各地新华书店
开　　本　710mm×1000mm　1/16
印　　张　16
字　　数　204 千字
版　　次　2018 年 5 月第 1 版
印　　次　2018 年 5 月第 1 次
定　　价　58.00 元
广告经营许可证　京西工商广字第 8179 号

中国经济出版社　**网址** www.economyph.com　**社址** 北京市西城区百万庄北街 3 号　**邮编** 100037
本版图书如存在印装质量问题，请与本社发行中心联系调换（联系电话：010－68330607）

[前言]

老板用你，下属服你，工作不累

如果将企业比作人的话，企业高层就好比是大脑，掌控整个身体；基层就好比是四肢，根据大脑的指令完成各项动作；而连接两者的中层则好比是神经控制系统及血液循环系统。换言之，在企业的经营活动中，中层管理者起着承上启下的作用，既是自上而下的命令传达者，又是自下而上的民意反馈者；既要对上级负责，又要对下属负责。若关系处理不当，稍有不慎就有可能“里外不是人”。

一些中层管理者在上级布置任务时总是推三阻四，向上级请示工作时直接将问题“丢”给对方，上级逐渐对其工作能力和工作态度产生了怀疑。面对下属，这些中层管理者常常不得要领，工作布置不当，管理水平不高，久而久之，下属也对其产生了诸多抱怨。

如何做好承上启下的工作，既能让老板用你，又能让下属服你？掌握高效的工作方法必不可少。

中层做到对上级负责，可以从两个方面来实现：第一，准确、高效地执行上级命令；第二，及时、完整地向上级汇报工作进程。上级给出工作指令，中层要能够准确领会领导的意图，并将指令内容高效地执行、“变现”。对于工作进程中遭遇的各种意外情况，中层要及时向上级汇报，有技巧地做好请示工作。做到以上两点，中层就完成了“承上”的基本工作内容，真正成为了上级的帮手。

同时，中层要扮演好自己的领导角色。卓越的领导者，都有一定的管理技巧和工作方法，既可以保证工作高效地完成，又可以避免下属存在压迫感。布置工作前，中层要深刻领悟上级的决策指令，制定出系统的工作计划和工作流程，做到事有所知，物有所管，人尽其职，物尽其用，人物匹配。工作执行中，中层要做好授权、指导及绩效考核工作，提升工作效率，确保公平公正。工作完结后，中层要认真复盘，及时发现工作中存在的种种问题，并提出改正及完善建议。当管理做到了这样的条理化、人性化，下属自然会服你。

同样是中层，为什么有的人工作游刃有余、气定神闲，有的人却忙得焦头烂额、一事无成？急于行动，疏于计划，只顾做事，不重绩效，整天忙盲茫，四处救火，身心俱疲，既不会与上级沟通、请示与汇报，又常被下属抱怨不懂管理、朝令夕改。如何将上级计划变成行动，将下属行动变成结果，按本书所讲八大工作法带队伍抓管理，练就虎狼之师、飙出惊人业绩都不是问题。

[目录]

CONTENTS

前言　老板用你，下属服你，工作不累　1

第1章　领导工作讲方法　1

中层管理者处于企业中间位置，需要上情下达、下情上传。不仅要对上级负责，还要带领下属将工作落到实处。因此，中层管理者开展工作需要讲究一定的方式方法，否则只能四处救火，身心俱疲。 这样既不利于中层管理工作的展开，也会降低运营效率，甚至给企业造成无法弥补的经济损失。

1.1　不解决桥或船，过河就是空话　3
1.2　重点工作清单式管理，告别事无巨细　8
1.3　立足目标，分解计划　12
1.4　积极授权让团队更成熟　16
1.5　做好枢纽角色，发挥协同效应　20
1.6　找出工作短板，提升团队效率　24
1.7　作业程序标准化，杜绝部门矛盾　28
1.8　短时高效终结冗长会议　33

第 2 章　请示工作讲方案 37

针对重要的工作，中层管理者需要向上级请示后才能做出最终决策。当然，请示工作需要注意一定的方式方法：不能单纯地将问题“抛”给上级，而要在请示前对问题做整体分析与梳理，制定出相应的解决方案供上级参考。 这样不仅能够提升上级的决策效率，还会提升上级对你的好感度。

2.1　请示前拟定科学方案 39

2.2　将思考成果用倒金字塔展现出来 43

2.3　呈现事件脉络，辅助上级决策 47

2.4　知道哪些事情应“止于自己” 50

2.5　看法不一时向上级阐述自己的观点 53

2.6　确保有效沟通 57

第 3 章　布置工作讲流程 63

为什么上级规划无法落地？ 为什么下属执行总有折扣？ 可以说，没有规范流程，管理一切为零。制度管人，流程管事，在给下属布置工作时，中层管理者要做的就是讲清规范流程，确保下属执行到位，最终结果说话。

3.1　常复盘：环节不畅通时先梳理流程 65

3.2　定标准：固化标准步骤，树立工作准则 69

3.3　明定位：顺着流程找到事项负责人 73

3.4　控节点：掌控关键环节提升团队执行力 77

3.5　会改善：从计划到纠正创造更完善的工作流程 81

3.6　固经验：让流程成为习惯 86

第 4 章　考核工作讲标准　91

绩效考核是企业中的最大管理难题。主观评判，缺少公正和客观，形式主义，指标太多，不透明不公开，员工抵触，中层反感，上层困惑。如何让绩效考核变得更加公平和公开，让员工乐于考核、享受考核，管理者需要做到事实讲依据，过程讲规范，利益讲相关，结果讲标准。

4. 1　绩效考核，让科学管理战胜个人思维　93

4. 2　SMART 原则，准确衡量“人”和“事”　98

4. 3　树立关键性、主导性绩效指标　103

4. 4　建立个性化关键绩效指标卡，让每个员工都得 A　107

4. 5　用好不同的考核工具　111

4. 6　考核标准清晰可见　119

4. 7　BEST 与汉堡包：面谈促进绩效改进　124

第 5 章　汇报工作讲结果　129

做管理，拼的不光是硬实力，很多时候还要拼表现力。向上汇报只占工作量的 20%，却决定了 80% 的工作效率和工作成果，也决定了上级对你 80% 的满意度。所以，汇报本身就是工作的一部分，它不是形式，而是实实在在的内容，是地地道道的正经事。可以说，汇报工作讲结果，是这一项工作的核心要义。

5. 1　汇报工作有原则　131

5. 2　麦肯锡 30 秒电梯理论，实现高效汇报　136

5. 3　四象限法，按轻重缓急分类　139

5. 4　借“一周工作节律图”，找准汇报时机　143

5. 5　针对不同的领导，采用不同的汇报方式　147

5. 6　结构化思维，让汇报环环相扣　152

5. 7　用数据说话，汇报更有说服力　156

第 6 章　交接工作讲周全　163

为保证工作正常运转，管理者转岗或离职时需要做好工作交接。由于工作内容涉及企业运营的方方面面，且大部分工作都环环相扣，所以交接工作讲周全，最好采取书面形式，将之前与现有的工作认真总结，逻辑清晰地告知继任者，确保继任者对工作有序展开，尽快纳入正轨。

6.1　提前准备，总结并制作交接报告　165
6.2　用交接文件展示团队工作重点　170
6.3　工作分配表让继任者快速了解工作重点　175
6.4　交接“未解决问题”，点明原因、过程与结果　180
6.5　帮助继任者迅速进入工作角色　185

第 7 章　总结工作讲问题　189

只有善于总结，管理者才能发现工作中存在的问题，并针对这些问题寻求解决方案并加以改正，以此实现团队的不断进步。

7.1　KPT 日记法，用记录改进团队工作　191
7.2　对比法，找出束缚团队的关键点　195
7.3　用定量分析发现有价值的数据　199
7.4　失败要总结，杜绝重复性问题　203
7.5　脚本分析法，兵来将挡水来土掩　207
7.6　管控风险因子，针对潜在风险预拟对策　213

第 8 章　复盘工作讲提升　217

所谓复盘，即每隔一段时间静态地回顾一下工作全貌，通过对之前整个工作流程的梳理，发现工作中存在的问题，找出解决问题的新思路、新举措，让工作能力得到持续提升。

8.1　成本意识：让每个资源都用在刀口上　219

8.2　打造技能互补型团队　223

8.3　从“管理者”上升为“领导者”　227

8.4　借鉴有创新，站在巨人的肩膀上　231

8.5　树威用原则，勿让角色缩水　235

8.6　高效靠协调，将精力集中在重要工作上　239

8.7　学习重实践，让知识产生双倍推力　243

第1章 领导工作讲方法

中层管理者处于企业中间位置，需要上情下达、下情上传。不仅要对上级负责，还要带领下属将工作落到实处。因此，中层管理者开展工作需要讲究一定的方式方法，否则只能四处救火，身心俱疲。这样既不利于中层管理工作的展开，也会降低运营效率，甚至给企业造成无法弥补的经济损失。

1.1

不解决桥或船，过河就是空话

在企业管理中，中层管理者既要领会和承接高层领导的管理意见，又要实现对于基层员工的管理，还要与同级的同事做好沟通和协调工作。

此外，工作是否能顺利展开与落实，是需要讲求一定的方式方法的。如果不注重方式方法，则会导致一系列问题的出现。这就好比一个人没有船，只喊着要过河，就是一句空话一样。因此在企业管理中，只有把“船”或者“桥”搭好了，“河”才能真正过得去。

1.1.1 做好请示与报告

要想做好领导工作，首先要做好请示与报告。

很多中层管理者由于不清楚请示与汇报的具体方法，导致自己在实际工作中出现了很多问题，如：

张禄是一家公司的中层。由于他在请示工作与汇报方面没有遵循一定的方法，所以在实际工作中出现了很多问题。一次，张禄在向上级领导请示工作时，还请示了其他3位领导，由于这3位领导所做的工作决策有一定差别，所以张禄不知道应该按照哪一位领导的工作方式工作。最终，张禄不仅给自己的工作造成了混乱，还让3位领导之间出现了不愉快，从而影响了正常的工作秩序。

做不好请示与报告工作，通常会造成两方面的问题，见图1－1。

图1－1　做不好请示与报告工作造成的问题

1. 影响工作配合

如果就一件工作向多个领导请示和汇报，就会导致以下结果：不仅会给工作执行造成困难，还会使各个领导之间产生隔阂，从而影响工作中的配合。毕竟对于同一件工作，不同的领导可能会有不同的认识和判断，所以其所做出的决策也会有很大的不同。

2. 工作难把握

如果几位领导就一件工作有不同的看法与决策，那么管理者在具体的执行过程中就会出现混乱，不知道应该按照谁的方法工作，从而出现工作难把握的情况。要想做好请示与报告工作，首先要明确请示与报告的区别。

请示，一般是下级就工作中出现的某个问题向上级陈述情况，请求上级针对工作做出相应的批示和决定工作事项；报告，是下级就某项工作的完成情况，如具体的工作过程、工作结果、工作建议等向上级领导汇报的工作过程。

请示侧重于让上级做出某项决定，下级只需按照上级所做出的工作决策具体实施即可；而报告侧重于上级对下属的工作过程与工作结果的知晓，以及下级向上级反映工作的情况。

要想做好请示与汇报工作，就要做好以下三个方面，见图1－2。

1. 条理清晰，陈述准确

所谓条理清晰，陈述准确，就是指中层管理者在向高层领导请示或者

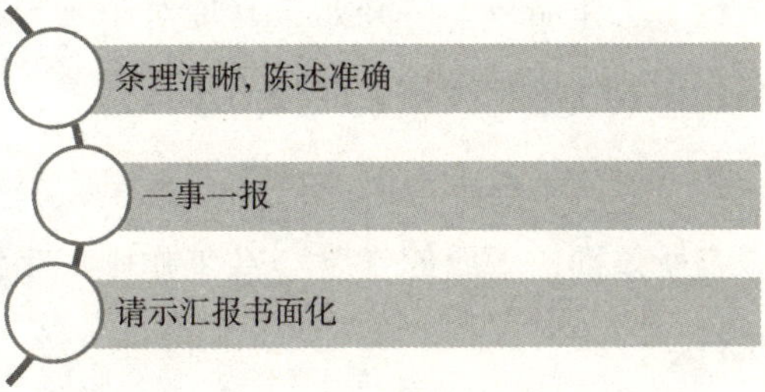

图 1－2 如何做好请示与汇报工作

汇报工作时，内容上要做到条理清晰、陈述准确，所要说明的观点或事项要明确、具体，说清楚，讲明白，切勿含糊其辞或前后矛盾。

2. 一事一报

在请示工作时，要做到一事一报，保证请示主次分明，观点突出，不能将要请示的内容不分主次地全部“倒”给高层领导；不能丢三落四，而是要将所有的请示内容有条理地逐一列出。此外，在请示工作时，中层管理者要提出相应的解决方法，从而辅助领导做出最后决策。

3. 请示汇报书面化

请示汇报书面化，是要在请示或者汇报工作时，将所要请示或者汇报的内容通过书面报告的形式呈现出来，避免口头上可能会出现的描述不清等问题。

1.1.2 做好部署与检查

要做好部署与检查工作。工作部署能够体现其在工作时的决策和意图；而检查则是保证工作决策的实施和最终决策效果的重要方式。如果处理不好部署与检查工作，管理者就很有可能使自己在工作中处于被动状态。

赵玲是一名企业的中层管理者，由于她没有做好部署与检查工作，所以给自己的工作造成了很大的问题。一次，赵玲的上级领导越过赵玲，直接给赵玲的下属下达了工作命令。一开始，赵玲对于领导越级部署工作的行为，并没有在意。随着领导越级部署的行为越来越多，直接影响了赵玲的日常工作部署。如下属越来越无视赵玲的存在；由于赵玲与上级对下属们所做的工作部署有所差别，下属们常常会在工作中产生混乱，不知道应该按照谁的方案执行。

这样的现象，无疑是削弱了赵玲作为一名管理者的权利与职能，从而让其在工作中处于被动地位，且不利于其做好管理工作。

通过赵玲的案例，可以看出做好部署与检查工作对于中层管理者的意义。具体来说，要想做好部署与检查，就要实行"一级抓一级"。

所谓一级抓一级，就是在部署与检查工作中，一级对一级负责，避免出现越级行为。而检查工作，可以通过指定专人检查工作或是采用多种形式交叉检查。

1.1.3 处理好上级与下级的关系

中层管理者在整个工作的过程中，应充当着高层领导的"替身"，并以高层领导的工作意见、安排和决策为根本依据；而对于下属员工，更多地应发挥出作为一个领导者、管理者的能力，带领员工落实企业决策，完善企业管理制度。

对上，中层管理者处于被管理者的角色，是下级。对于上级领导，中层管理者要严格服从上级领导，同时，对上级领导做出的决策，要给予充分的支持、服从、执行。同时，还要尊重上级领导、维护领导的威信。

对下，中层管理者处于管理的角色。要想处理好与下级之间的关系，需要做好以下四个方面的工作，见图 1－3。

1. 树立威信

想要在下属的心目中树立威信，不是靠"吼"，而是要在工作中发挥

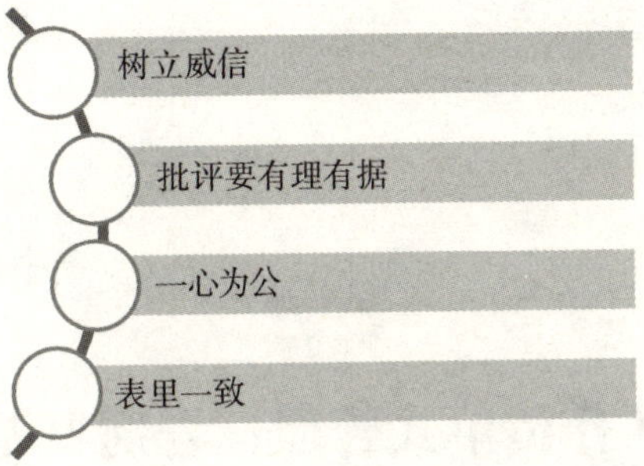

图 1-3 如何处理好上级与下级的关系

表率作用。如下属做不到的，自己要能做到；下属能做到的，自己能做得更好；要求下属做的，自己要先做到。通过在工作中发挥表率作用，自然能让下属心服口服，从而树立起威信。

2. 批评要有理有据

在批评下属时做到有理有据。只有拿出具体的依据，对事不对人，才能在纠正下属错误的同时，避免让下属出现“逆反心理”。在企业管理中，不乏这样的情况：很多管理者在批评下属时，由于没有具体的依据或者仅凭自己对下属的印象好坏来批评，这样极有可能会引起下属的不满，且会与下属之间产生隔阂，不利于工作的展开。

3. 一心为公

要想做好领导工作，就要做到一心为公。在工作中，不要因为一己私利而影响工作；遇到问题时，一切从企业的整体利益出发。这样，就会赢得上级或下级的尊重，从而有利于做好领导工作。

4. 表里一致

在工作中要做到表里一致，不能当面一套，背后一套。如果有问题或要求就当面提出。不然，就可能会引起下级的猜忌，出现不信任、不好好配合工作等情况。

1.2

重点工作清单式管理，告别事无巨细

清单式管理是现代企业管理中常用的管理方式，具有非常强的具体性、条理性以及实操性，能够保证企业管理的有序开展。

作为中层管理者，工作重点就是要承接上级的工作意见与工作决策，通过对下属员工的整体调配与管理，保证工作目标按时保质地完成。简而言之，就是对企业工作进行宏观把控，将自己从繁琐的工作中抽身出来，避免对工作进行事无巨细地管理。否则不仅不能做到面面俱到，还有可能让自己身心俱疲，从而降低工作效率。

因此，在管理工作中，要实行重点工作清单式管理，告别事无巨细，对工作进行宏观把控，保证工作有序地进行。

1.2.1 找到工作重点，绘制清单

实行重点工作清单式管理，要做的第一步就是要在繁杂的工作中找出重点，并通过工作清单的建立突出重点。

所谓工作清单（见表1－1），就是将所要执行的工作通过清单、表格的形式进行直观地展现，包括具体的工作内容、工作时间、人员安排等。通过工作清单，可以直观地看到企业所进行的一系列工作安排；通过工作清单，能对不同工作的轻重缓急一目了然。通过这样直观的表达，不论是

管理者还是基层员工，都能对工作有一个具体的认识，从而更加有条理、有目的地进行工作安排。

表 1－1 工作清单

6	现有污泥处理设置设施基本完成达标改造，污泥无害化处理处置率达到60%以上，工业集聚区污水处理厂污泥无害化处理处置率达到100%	
7	3月底前，制定西淝河水质达标综合整治方案	3月底前
8	4月底前，完成除现在利辛生活垃圾填埋场西侧老垃圾填埋场之外的西淝河两岸垃圾堆放点的排查和清理工作；8月底前完成老垃圾填埋场垃圾向现在填埋场转移和场基底清理工作	4月底前
9	4月底前，完成西淝河网箱养殖、滩涂养禽清理和拆除工作	4月底前
10	6月底前，完成青龙沟、黄河沟两岸堆放垃圾清理和河道内枯死浮草清理工作。年底前，完成青龙沟、黄河沟流经的西潘楼镇污水集中处理设施工程	6月底前；年底前

A企业是一家电子零件生产企业，A企业的中层管理者在实际的管理工作中，就采用了重点工作清单式的管理方法，通过对企业工作的梳理制定了重点工作清单，具体的步骤如下：

1. 将企业中的所有工作进行汇总分析，确保工作汇总无遗漏。

2. 通过对所有工作的分析，根据企业的总体发展目标和工作规划，找出重点工作。

3. 针对企业中的重点工作，将重点工作按照时间顺序以及事情的轻重缓急做出排列。

4. 根据各部门的具体职能以及不同工作的具体性质，将工作分配到不同的部门。

通过这样的方式，A企业的中层管理者可以将工作进行合理地分配与下放，不用事无巨细地管理，耗尽自己的精力，只需要按照重点工作清单，对各部门的工作进行整体把控即可。这样一来，不仅能提高各部门的工作效率，还能让自己从繁杂的工作中抽身出来，有更多的精力对整体工作进行监管。

1.2.2 监督工作进度，落实清单

在企业内部实行重点工作清单式管理，要做的第二步就是要监督具体的工作进度，确保工作清单上的内容得以落实。如果工作清单上的工作不能保质保量地得到落实，那么工作清单的设置就失去了意义。

因此，为确保工作能够得以落实，管理者要在实际工作中起到监督的作用，保证工作能够按时、保质、保量地完成。这样不仅有利于简化中层管理者的工作，还能够有效提升工作效率。

C企业是一家服装企业，在实际的管理工作中，同样采用了重点工作清单管理方式。在将工作清单发放给各部门后，C企业的中层管理者在具体的工作中对各部门的工作进行了实时监督，确保了工作落实到实处。

监督员工对于工作的落实情况，可以通过以下几种方式进行，见图1-4。

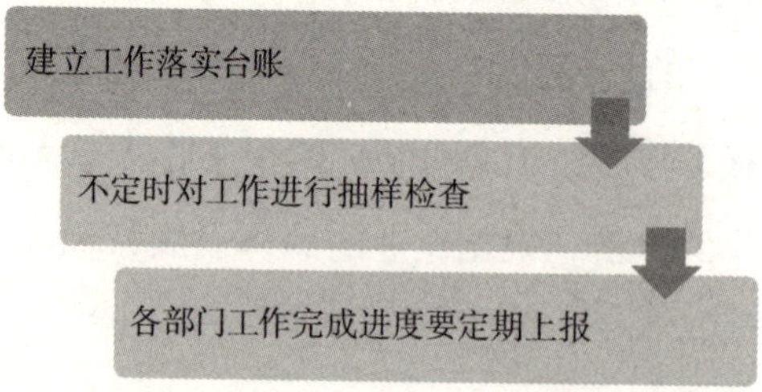

图1-4 如何实行监督工作

1.2.3 考核工作质量，点评清单

为保证员工的工作质量以及工作状态，在工作中实行清单式管理后，要定期考核员工的工作质量，并根据清单上的工作进行点评；定期对员工的工作进行考核，能够及时发现工作中出现的问题，并针对具体问题及时提出意见或建议。

通过这样的方式，可以有效减少工作中出现的偏差。与此同时，通过

对员工的工作进行考核，也能减少滥竽充数的员工，从而提升员工的工作积极性。

对于员工的考核标准，可以按照以下三个方式进行考核，见图 1－5。

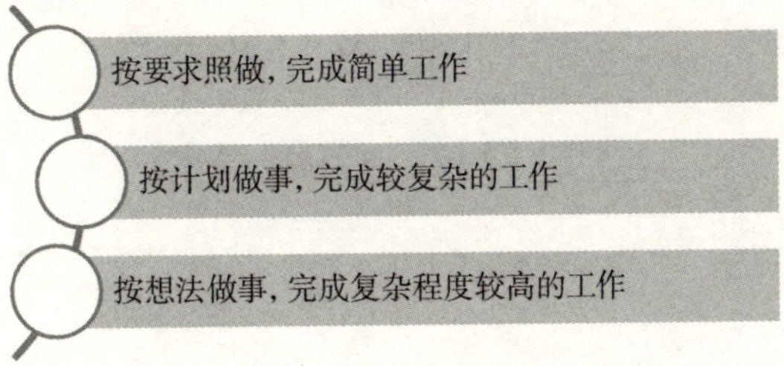

图 1－5 员工工作考核标准

1. 按要求照做，完成简单工作

即员工按照工作清单中的具体要求，保证工作质量与工作实效，从而完成清单中所给出的简单的工作。这是对员工工作实行考核的基本标准。

2. 按计划做事，完成较复杂的工作

指员工通过对工作清单中的工作计划的理解，自行将工作进行分解，有序执行，从而完成工作清单中的较为复杂的工作。这是对员工进行工作考核提出的进一步标准。

3. 按想法做事，完成复杂程度较高的工作

指员工根据工作清单中所体现的工作想法与工作设想，自行根据工作目标与工作要求，找到合适的解决办法，并通过实际的工作，将工作设想变为现实。这是对员工工作进行考核的最高标准。

1.3

立足目标，分解计划

古语说："凡事预则立，不预则废。"从古至今，从国外到国内，成功者都是非常重视计划的。在这一点上，企业的管理者也不例外。很多企业的管理者更是制定了从宏观战略到年度、月度等详细而周全的计划。

在这个过程中，中层管理者最重要的作用是将企业的计划转化为部门的计划。只有把设定好的企业目标分解为具体的部门计划目标（见图1－6），才能保证自己与下属按时完成工作。

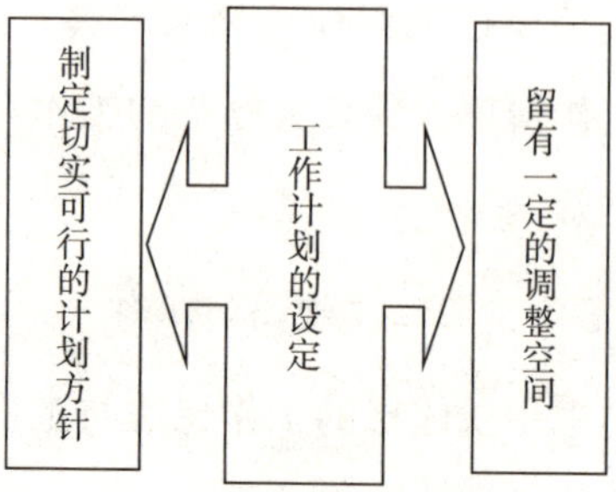

图1－6　工作计划的设定

此外，设定工作计划，能让自己对工作做出量化分配，让员工在一定范围和程度内减少工作重叠和浪费时间，从而使得企业所给予的所有资源都能得到合理利用，且能发挥出最大效力。

1.3.1 立足实际分解集团大目标

当收到上级下达的文件后，中层管理者要进行部门目标分解。有时，对于上级的一些口授或经会议做出的决策，中层管理者往往会出现“信息过滤，信息歪曲”的情况。此时，就要求中层管理者在接受和分解上级的任务时，根据部门的实际情况，仔细揣摩上级的意图，进行不断“深化、优化、细化、序化”等工作流程，最终选择正确的执行目标。

身为高盛集团在美国东部最出色的个人金融部经理，达尔斯的团队目标制订过程值得每一位管理者借鉴。

在达尔斯看来，中层管理者的最大任务是切分目标：将公司分配的、看似不可能的大目标，依据于阶段、时间、人数等切分，直到份量可以让团队内的员工“一口吃下去”为止。

比如说，人才招聘时，除了依靠人力资源部门的帮忙，达尔斯还会将业务范围按地图分为“上、下、左、右”四区，并要求每一区的主管每周再提供3～5份履历表。结果，新招来的同事有一半是同仁介绍的行业精英。

面对公司提出的“每月每人20位新客户”（这是业界水准的5倍），达尔斯则将目标简化成“一天一件，不见不散”，鼓励下属们每天开发一个新客户，每天都要见到新客户。在奖励与竞赛并进的基础下，下属们的最终成果远超预定目标。

1.3.2 设立团队与个人有效工作目标

说到底，中层管理者的工作就是为基层制订出一个合理的目标，将团队能力压缩到极致，发挥到极致。

而这就涉及到了目标订立的原则：它必须要让团队成员在够得着的前

提下，起到促进团队成长的作用。这就使目标订立的最高原则变成了“有点难又不能太难”。

目标制订得太高，超越了团队能力所及，下属们可能口头勉强答应，但内心已彻底放弃。所以，制订一个对他们来说有挑战、不易完成，但只要努力就有希望的目标，便成为了摆在中层管理者面前的难题。

要达到此境界，需对整个团队能力的底线有极其精准的估测，更要了解其“极限”所在。因此，在制订目标以前，应先依据于过往的业绩情况进行实际估测，计算出团队与个人可能达成的目标区间，然后，将此目标区间向上提升10%～30%，作为与团队议定目标的基础。而这10%～30%的空间，便是“有点难又不太难”的关键所在。

在订立目标时，最好让团队的初级管理者参与目标讨论之中。在经过反复的辩证后，使初级管理者理解目标如何订定，且能在目标实现过程中，又能根据每个小组的情况来订立基层与个人目标，增强团队计划践行力。

值得一提的是，在这个过程中或许会出现讨价还价的拉锯过程。此时，管理者的管理能力就得到了彻底的体现：要控制讨论不变成信口开河的“出价”与“就地还钱”，而是引导讨论变成有分析、有解释且合理的讨论，从而最终实现众人对目标的共识。

1.3.3 确立可操作的执行时间

在设计工作计划中，要让下属知道什么时候开始做，什么时候该结束。而这，就需要管理者明确工作计划的方式。

工作计划可分为两种：一种是主动积极的安排；另一种则是消极的安排。对管理者来说，前者是自行订立明确目标后，确认为了达成目标，有哪些工作要做，并将这些工作以倒推方法去落实；而后者是依照公司发送的通知或规定的截止日期，被时间追着跑。

一般情况下，企业内目标往往会有年目标，在传达至中层管理者时，这些年目标会形成季度目标。此时，可根据公司制定的季度目标，利用“倒推法”，倒推目标到具体的月计划。最终，再将这一工作量传达给员工。

举例来说，若分配到管理者的部门业绩目标是在第三季度做到300万元营业额，那管理者就要评估：若想达成300万元营业额需要有多少客户下订单；为了拿到这些订单，每一个工作小组或成员需要完成多少工作额度；最后，再将这一额度传递给员工。

月计划制订以后，中层管理者便不宜再过度推算，而是要切记：落实计划时，发挥主要作用的是员工，管理者只处于引导地位。

安排好工作以后，管理者还需要检视，这是一个可行的计划表，而不是“只写着好看”而已。因此，管理者还需估出一切顺利的极限值和最保守的充裕值，将充裕值减去极限值的天数除以二，作为缓冲时间，以极限值加上缓冲时间排入进度表，如下所示：

$$\text{缓冲时间} = \frac{\text{充裕时间值} - \text{极限时间值}}{2}$$

面临新任务时，按上述方法设定工作计划，不仅可以有效增加成功执行的可能性，还可以增加团队完成计划的可能性——当管理者能够有效促使团队达成业绩时，其管理职能才算是完成。

1.4 积极授权让团队更成熟

一个优秀的管理者一定是一个授权高手。作为中层管理者，要懂得利用“积极授权”，将权力合理下放给下属。这样不仅能够减轻自己的负担，还能有更多的精力投身于管理工作，抓重点，控全局；通过积极授权，还能激发下属的主观能动性，让下属获得更多的锻炼机会，从而促进团队快速成熟。

当然，积极授权并不代表将手中的权力全部下放。在积极授权的过程中，管理者要明确的重点是在什么情况下能够授权，以及就某些事项如何授权。

1.4.1 知道哪些工作必须授权

一个企业在经营过程中，会产生大大小小无数个工作，每个工作都有其不同的性质。中层管理者想要积极授权，第一步就是要弄清工作的性质，明确哪些工作必须要授权。

A 企业的中层管理者不懂得如何进行授权，所以在工作中出现了一系列问题。有一次，其在布置办公室时，下属拿给其一份非常重要的文件，并需要其在签字后才能进行工作。但是，该管理者坚持要将办公室部署完毕后再签署文件。由于时间上的延误，导致企业错失了决策时机，并给 A

企业造成了巨大的经济损失。对于布置办公室这样的工作，下属完全能够完成，不需要中层管理者亲自动手。

一般来说，必须要授权的工作包含以下几种，见图1－7。

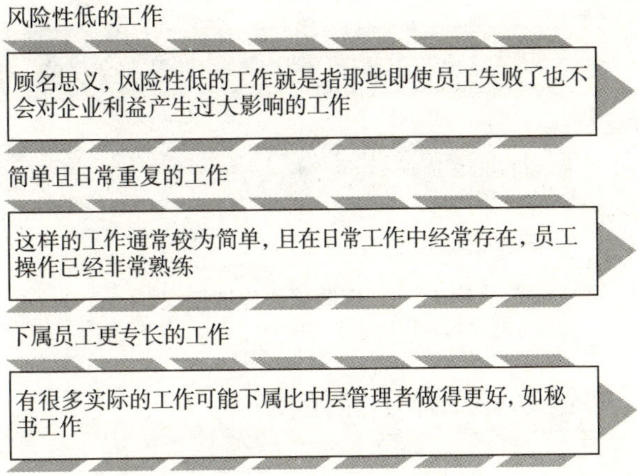

图1－7　必须授权的工作

1.4.2　知道哪些工作可以授权

除了必须授权的工作，还有一些工作虽然不是特别简单，或是具有一定的挑战性，但是下属通过努力可以完成的话，这样的工作也可以进行授权。通过将这些工作授权给下属，中层管理者能够有更多的时间处理其他事务，下属也能通过完成具有挑战性的工作快速成长，从而促进团队成熟。

C企业中的一个中层管理者由于不懂得哪些工作应该授权给下属，使得自己在工作中精疲力竭。这名管理者花了半年的时间来培养下属撰写工作报告，而下属对于撰写工作报告这项任务基本也可以胜任，但是这名中层管理者并不懂得授权，每份工作报告都要亲力亲为，从而导致其没有足够的精力处理其他工作。

一般来说，可以授权的工作包括以下几种，见图1-8。

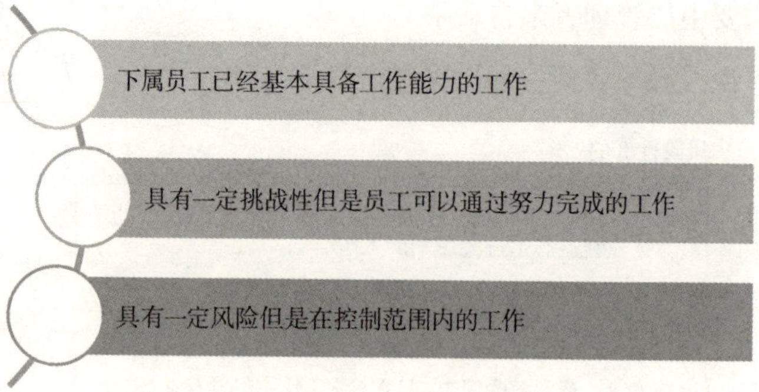

图1-8　哪些工作应该授权

1.4.3　知道哪些工作不能授权

要学会授权，并不代表要完全授权。如果将权力无限制地下放，那么中层管理者也就失去了存在的意义与价值。所以，管理者不仅要知道哪些工作必须授权或是可以授权，还要知道哪些工作一定不能授权。因为将不能授权的工作授权，很有可能会导致员工滥用职权或是影响企业工作的正常运转。

F企业中的中层管理者一贯提倡授权管理，但是却没有对授权管理进行深入的理解，且对授权没有限制。由于其不论什么样的工作都实行授权管理，最终给F企业造成了巨大的经济损失。

如财务签字的权力，本应由中层管理控制，但是其却将财务签字的权力下放，致使下属出现了以权谋私的现象，且下属多次利用财务签字的权力来获取不正当利益，给企业造成了巨大的损失。

因此，一定不能授权的工作包括以下几种，见图1-9。

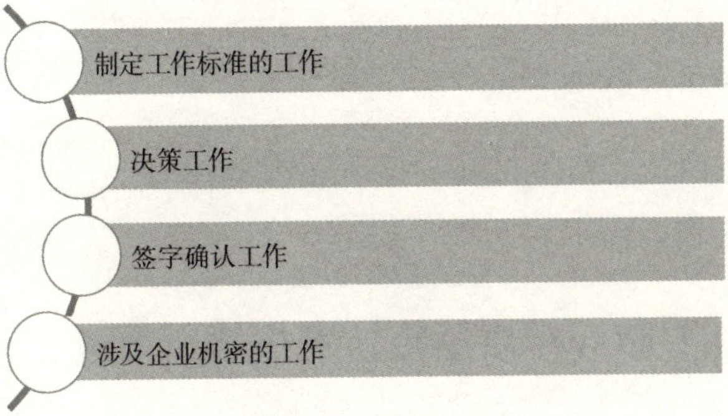

图 1-9 哪些工作一定不能授权

如上图所示，对于签字、决策等牵涉到企业重要利益的工作，一定不能进行授权。管理者要明白：自己所要进行的工作就是制定工作计划、人事管理、工作成果的控制等，而对于具体的工作实施则可以进行下放，且要明确授权的“界限”，由此管理者才不会陷入“一抓就死，一放就乱”的境地。

1.5

做好枢纽角色，发挥协同效应

一个团队想要取得成功，需要团队中的每个成员都有一个准确的自我定位，各司其职。如果在一个篮球队中，前锋总是在后卫的位置，后卫又总是打中锋的位置，这个球队绝对不会成功。因此，要做好管理工作，首先需要有一个准确的自我定位。中层管理者只有做好自己的枢纽角色，才能提升企业内部协同合作的工作效率。

1.5.1 处理好与上级的关系

要做好自己的枢纽角色，首先要处理好与上级领导的关系。在整个工作的过程中，中层管理者应该作为高层领导的“替身”，且要注意避免做出逾越自己职权范围的事情，保证在自己的职责范围内做到对高层领导者负责。

王先生是一名中层管理者。在工作过程中，对于上级的工作决策，王先生都会认真分析，然后通过制定具体的实施办法，将上级的工作决策在实际工作中有效实施，真正做到了将上级的工作决策体现在实际工作中。

此外，王先生非常注意自己的职权范围。在需要作出重要决策时，他都会及时向上级请示，且定期针对一段时间内的工作向上级作汇报，让上级能够时刻了解企业工作的进度与情况。通过这样的方式，王先生深受上级的赏识。

要想处理好与上级领导的关系，中层管理者可以从以下几个方面入手，见图1－10。

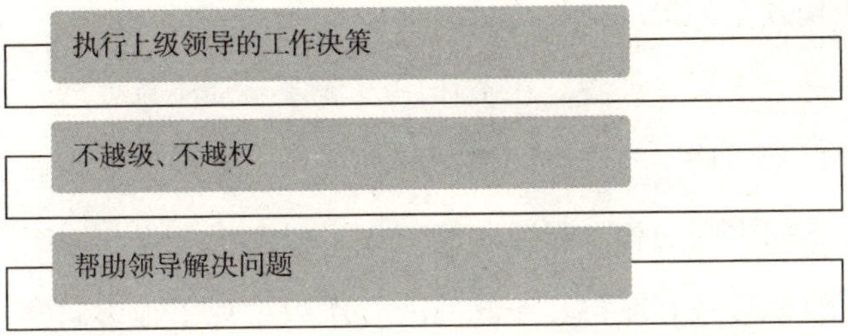

图1－10 中层管理者怎样处理好与上级之间的关系

1. 执行上级领导的工作决策

管理者的主要职责之一，就是执行高层领导做出的工作决策。企业的高层领导需要高屋建瓴，从企业的总体发展出发，制定合适的工作决策。而管理者就要将这些工作决策落实到具体的工作中，以推动企业的发展。

2. 不越级、越权

在职场中，要明确自己的职权范围，不能做出越级、越权的行为。一旦出现越级越权的行为，会让上级认为你找不准自己的位置，甚至无视上级的存在，从而引起上级的不满。

3. 帮助上级解决问题

作为企业高层领导下的职业经理人，其功能之一就是帮助上级解决工作中出现的问题。只有能够帮助上级解决问题，才能让上级肯定你的能力，从而赏识你。如果不能帮助上级解决问题，甚至给上级制造问题，那么就会让上级怀疑你的工作能力。

1.5.2 处理好与同级同事的关系

中层管理者除了要处理好与上级的关系，还应该处理好与同级同事之间的关系。与同级的同事之间，中层管理者要做的是相互协调、相互指正、相互激励，还要避免因相互妒忌而产生不正当的竞争关系。如果不能处理好与同级同事之间的关系，就会影响同事之间的相互合作，且不利于企业整体工作效率的提高。

李强是一名中层管理者。在工作中，李强非常注意处理自己与上级之间的关系，但却忽略了与同级同事之间的关系。要知道，企业的很多工作都需要各个部门之间的相互配合才能完成。但由于李强与同级同事之间的关系并不好，就导致其在与其他部门的合作中出现了很多问题，并严重影响了企业的工作效率。

为了改善与同事之间的关系，李强在工作中，经常就一些问题向其他同事请教。在其他同事出现问题后，李强也积极帮助同事。同时，在需要与其他部门合作时，李强还站在同事的角度考虑问题。经过这样的改变，李强与同事之间的关系有了明显的好转，在工作配合中更加有序，工作效率也有了明显的提升。

1.5.3 处理好与下属员工的关系

中层管理者虽然管理的是下属员工，但需要下属员工的配合，才能促进企业良好发展。因此，在工作中，处理好与下属员工的关系尤为重要。

赵力是一名中层管理者。由于没有处理好与下属员工之间的关系，导致其在工作中出现了很多问题。一次，公司内部要选择 5 名表现优秀的员工参加培训，赵力并没有参照员工平时的工作成绩与表现推荐他们，而是推荐了 5 名平时与自己走得近的员工。赵力的这一举动引起了很多员工的不满，并逐渐对赵力这名中层管理者失去了信心。而对于赵力提出的工作要求，员工也没了工作积极性。这种现象严重影响了企业的效益。

为此，赵力对自己的行为做了检讨并改正。在之后的工作中，赵力非常注意处理好自己与下属员工的关系。通过与下属员工搞好关系，使自己在员工中的威信得到了提升，对下属员工的管理工作也能够更加顺利地开展。而员工的工作积极性也得到了提高，对工作更加认真。关于如何处理好与下属员工的关系，可以从以下几个方面入手，见图1－11。

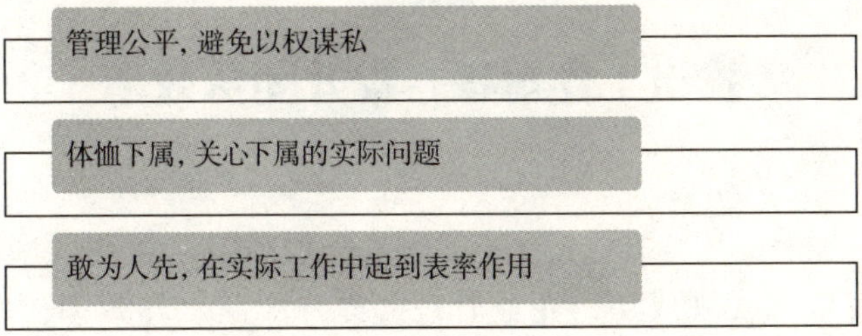

图1－11 中层管理者如何处理好与下属员工之间的关系

1.6

找出工作短板，提升团队效率

管理者要想实现成功的企业管理，提升团队工作效率，就必须懂得“木桶原理”（见图 1－12）。木桶原理又称“短板理论”，其核心论点为：一只木桶盛水的多少，并不取决于桶壁上最高的那块木板，而取决于桶壁上最短的那块木板。

图 1－12　木桶原理

“短板理论”还引申出三个概念：

一是只有木桶上所有的木板高度完全相同，木桶才能盛满水；

二是比最短木板高的所有木板，其高出的部分都没有意义，并且高出的部分越多，浪费的也就越多；

三是想要提高木桶的容量，就要重点增加最短木板的高度，这是最有效也是唯一的途径。

基于“短板理论”，管理者应该对团队建设有更深入的认识。只有针对短板进行辅导，弥补团队中的短板，才能真正提升团队的工作效率。此外，管理者还应明确一点：团队中的短板并不一定指团队中的个人，还有可能指的是团队所缺失的核心能力。

1.6.1 辅导短板，实现团队增值

根据“短板理论”提升团队的工作效率，首先就要辅导团队中的短板，通过这样的方式实现团队增值。由于团队中的短板有可能是团队中的个人或是团队所缺失的某项能力，所以，在辅导短板的过程中，管理者要注意员工个人能力和团队能力两方面。

某家大型服装企业在员工设计能力方面，存在着一定的短板，如设计部门的员工对市场上新出现的款式服装敏感度不强。也正是由于这一短板，使得这家服装企业在面对新的市场需求时抓不住机遇，不能赶在其他竞争对手前面，取得市场先机。为此，这家服装企业的管理者针对这一短板采取了措施，对员工进行了一系列的培训，通过培训让员工学会如何把握市场先机，提高对市场需求的敏感度，并设计出符合市场需求的服装。通过辅导这样的短板，团队的工作能力有了进一步的提升。

管理者在进行短板辅导时，需要从个人能力以及团队能力两个方面入手：

1. 对个人能力短板进行辅导

对于团队中个人的能力出现短板的现象，管理者应该理性看待员工的短板，通过组织员工之间的互相交流学习，逐渐弥补员工能力上的短板。

2. 对团队能力短板进行辅导

对于团队出现的能力短板，管理者应该积极寻找问题根源，并通过组

织讲座以及技术升级等形式弥补短板，实现团队增值。

1.6.2 加固长板，发挥差异化优势

在一个团队中，员工的能力高低存在一定的差距，而要想实现团队工作效率的提升，除了要辅导短板，还要加固长板，从而真正地发挥团队中的差异化优势。

根据“短板理论”可以知道，当一个木桶斜着放置时，其容量的大小取决于最长的那块板。所以，管理者在管理过程中，要学会发挥“长板”的优势，以此提升团队的工作能力。

在一个团队中，除了具有短板的员工，还有很大一部分能力突出的员工，这些能力突出的员工就是企业的“长板”。管理者要善于发挥“长板”员工的作用，让其带动其他员工，逐渐增强团队的总体实力。

A 企业中的中层管理者在弥补团队的短板工作中，就充分发挥了“长板”的作用。其将团队分为 3 个小组，每个小组的组长都由能力突出的员工担任。通过这样的方式，让能力突出的员工帮助具有短板的员工。此外，为了加固“长板”，其还经常组织能力突出的员工培训学习，使团队中形成差异化优势。

加固长板，发挥差异性优势，可以从以下几个方面进行，见图 1 – 13。

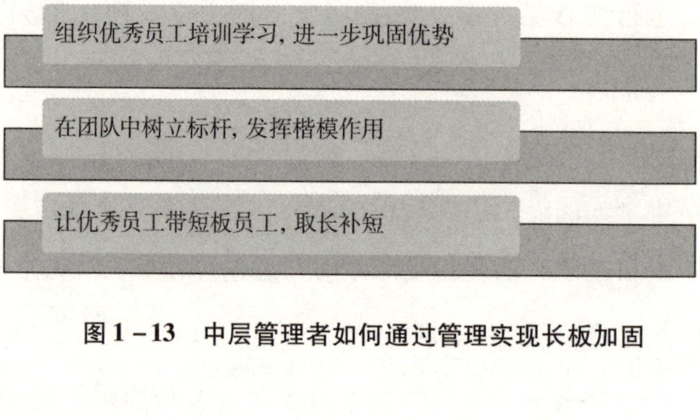

图 1 – 13　中层管理者如何通过管理实现长板加固

1.6.3 填补木板缝隙，促进团队团结

要想通过管理提升团队的工作效率，就要根据“短板理论”，填补各个木板之间的缝隙。一个木桶，如果木板之间的缝隙过大的话，那么不论木板是长是短，都不能存住水。团队管理也一样，如果各个员工之间的嫌隙过大，那么在工作中就不能团结协作，工作效率的提升也就无从谈起了。所以，管理者应该懂得如何填补各个木板之间的缝隙，减少员工之间的过度差异化，最终促进团队之间的团结协作。

D 企业的中层管理者，为了促进团队之间的团结协作，经常组织员工一起就工作问题进行交流探讨。工作之余，还经常组织员工出去郊游，进行团队建设。通过这样的方式，团队中的成员之间更加了解，感情也更加巩固。也正是由于团队变得更加团结，才使得 D 企业的工作效率有了明显的提升。

管理者要想填补各个木板之间的缝隙，让团队成员变得更加团结，可以参考以下几种方式，见图 1－14。

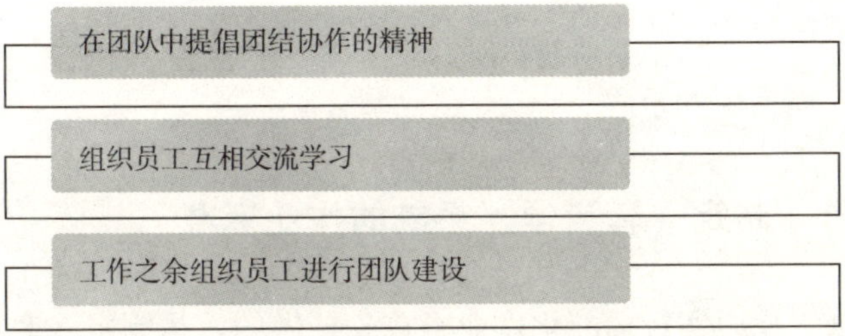

图 1－14　中层管理者如何让团队变得更团结

1.7

作业程序标准化，杜绝部门矛盾

所谓作业标准化，指的是在对工作系统做出详细的分析调查后，针对现有工作方式，将作业方式中的每一个操作程序和动作进行分解，然后通过科学技术、完善的规章制度以及实践总结出的经验，以安全生产、高效作业为目标对作业方式进行调整，从而形成一套全新、安全、高效的作业方式。

以往，由于作业程序没有一定的标准可以参考，所以就导致各个部门之间各说各话，出现很多不必要的矛盾。在管理工作的过程中，管理者要制定一系列的标准作业程序，让作业程序标准化，从而杜绝各部门因作业方式不统一而产生的矛盾。

1.7.1 制定一套科学、系统的作业标准

要想在工作中实行标准化作业，首先要做的就是制定一套科学、系统的作业标准。没有科学、系统的作业标准，标准化作业就没有参考依据，后续的工作也就无法开展。作业标准一旦制定，就应该在具体的工作中发挥其作用，切实保证工作进程的有序进行。

某家钢铁企业在工作中实行了标准化作业。这家钢铁企业的中层管理者在制定作业标准时，针对企业的工作目标与工作要求，参考国家相关法

律条文，制定了系统的作业标准。对各个岗位的工作标准、生产工艺路线、项目检测方法以及设备的维修保障都做了明确的规定。在工作过程中，员工只要根据作业标准进行作业即可。这样既保证了工作进度与工作质量，又减少了各个部门因工作方法不统一而产生的矛盾。

作业标准主要有以下几个特点，见图1－15。

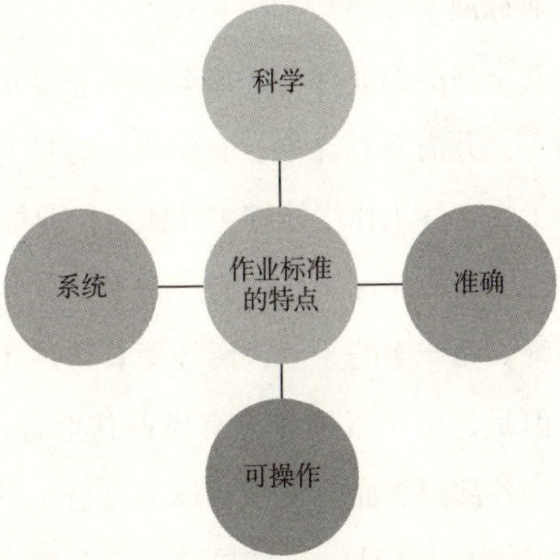

图1－15　作业标准的特点

在制定作业标准时，还需要遵循一定的原则：

（1）作业标准的制定要实现最佳的效益，同时考虑到各方的利益。

（2）作业标准的制定应是针对多方面以及重复性的工作程序，从而达到简化工作、减少重复性工作、降低人力成本支出的目的。

（3）制定作业标准要以行业内先进的技术为基础，保证作业程序的先进性。

（4）制定作业标准需要参考多方意见，保证作业标准适用于所在的企业或工作部门。

1.7.2 有效执行作业标准

制定出一套完整的作业标准后，下一步就要保证作业标准的有效执行。如果作业标准不能应用到实际工作中，那么作业标准的设定就毫无意义。因此，管理者需要制定出一套切实可行的作业标准，且能保证团队在工作中能够按照作业标准工作。

当然，实施一套全新的作业标准，需要联系企业的生产部门、经营管理部门、技术部门等，并需要有计划、有组织、有措施地将作业标准进行推广，从而保证员工在实际工作中能够主动执行作业标准。

D企业的中层管理者为保证工作的有序进行，杜绝各部门之间因工作方式与工作标准不统一而产生的矛盾，便针对具体的工作需求制定了一套完整的作业标准。但是，由于管理者没有做好作业标准的实际执行工作，导致在实际工作中，各部门表面上将作业标准进行了推广，但实际上依然是按照之前各自的工作方式工作。这就导致之前花费大量时间与精力制定出的作业标准变为了一纸空谈，且给企业造成了巨大的浪费。

将作业标准落实到实处的重要性包括以下几个方面：

（1）只有将作业标准在实际工作中实施，作业标准才能产生实际的效益和作用。

（2）作业标准所规定的各项标准，只有通过实际工作实施，才能检验出其是否合理，是否适用。

（3）作业标准只有在实际工作中实施，才能在实际的检验中发现作业标准中存在的不足，以便于对其进行修订和完善。

而要保证作业标准在实际工作中能够有效执行，可以从以下几个方面入手，见图1-16。

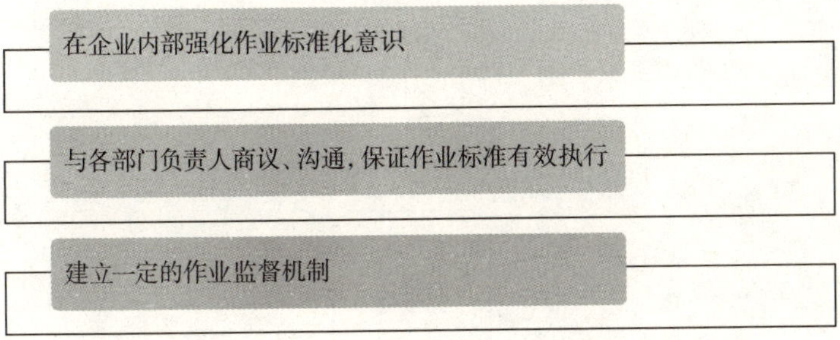

图 1-16 如何保证作业标准有效执行

1.7.3 建立一定的作业考核制度

建立作业考核制度，并不是一项简单的工作，而是需要系统的设置与各个部门之间的相互配合。总体来说，建立合理的作业考核制度，需要做好以下几个方面的工作：

一是设置抽检小组。通过设置抽检小组，对各项工作进行抽检，以达到考核的目的。通常，抽检小组由部门的主管组成，小组的人数应该控制在 2 ~ 3 人。此外，在进行抽检前，抽检小组的成员要召开抽检小组会议，说明相关事项。

二是设置检查与考核时间。为了检验、考核员工作业的真实情况，抽检的时间应为定期与不定期两种形式。对于定期检查，管理者可以确定固定的抽检时间；对于不定期检查，则要确保每年不少于 4 次，并且每次检查都不事先通知。

三是确定检查与考核依据。对员工所进行的作业考核，需要有一定的依据，这样才能保证考核的公平性与合理性。通常，检查与考核的依据主要为以下几种，见图 1-17。

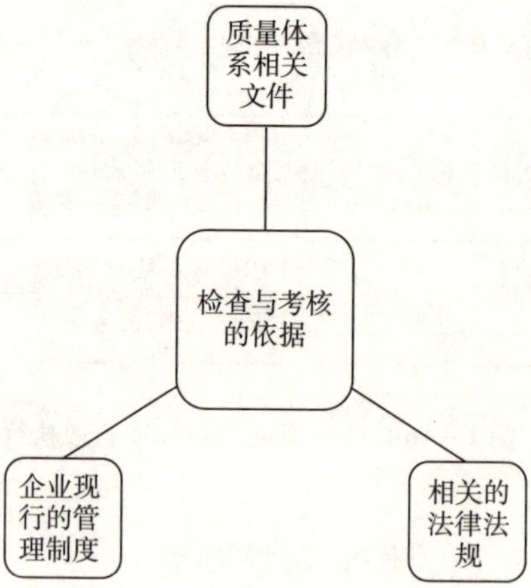

图1－17　检查与考核的依据

四是确定检查与考核的办法。通常，抽检小组对作业情况进行考核时，会采用两种方法：抽查记录和现场询问。然后再通过对实际作业情况进行评定，最终确定评分。

通过建立作业考核制度，能够最大限度地规范员工的作业行为，且为提升工作质量与工作效率提供保障。

1.8 短时高效终结冗长会议

对于每一个企业或者团队来讲，会议都是必要的。适当的会议能够保障上下级之间信息的有效沟通与传达，以及工作目标与工作任务的有序进行。管理者在对下属实施管理的过程中，同样少不了会议。但是，很多企业的管理者并不注意开会的节奏与次数，这就导致会议变得冗长、繁杂且没有意义。这样的会议，不但不能对企业的工作起到积极的促进作用，反而会使团队中滋生形式主义，浪费大量的工作时间，降低工作效率。

因此，要想做好领导工作，需要终结冗长的形式主义的会议，用简短高效的会议保证工作的有序进行。

1.8.1 5W1H，做好充分的会前准备

不论什么事情，都必须在事前做好充分的准备，这样才能在之后的实施阶段保证高效、顺利地进行。

某家企业的中层管理者在召开会议之前，并没有确定会议的主题，只是觉得应该通过会议在下属员工中树立自己的威信。由于没有会议主题，就只能听其讲制度、讲目标、讲发展。会议虽然持续了三个小时，但很多员工都心不在焉，甚至在偷偷玩手机。可见，这样没有明确目的的会议不仅会浪费大量的工作时间，降低工作效率，还起不到任何的作用。所以说，

中层管理者要将会议变得简短、高效。

而想要将会议变得简短、高效，就要根据5W1H法则（见图1－18），做好充分的会前准备。

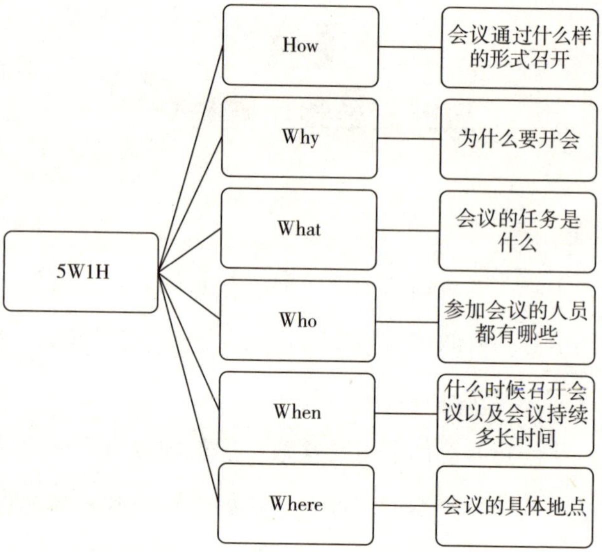

图1－18 5W1H法则

只有明确以上几点，充分做好会前的准备，之后进行的会议才能直击要点，避免由于准备工作不足而导致会议中出现差错。

1.8.2 制定清晰的会议流程

会议之所以变得冗长，还有一个重要的原因——会议流程不清晰。由于没有一个清晰的会议流程作为参照，各部分的讨论时间就没有一个明确的限制，这也就导致各个环节都浪费了时间，使得会议变得冗长。所以，要想让会议变得简短高效，就要制定一份清晰的会议流程。

A企业是一家电子零件生产企业，其中层管理者在与生产部门、采购部门和财务部门开会时，没有设置具体的会议流程，各个部门的发言时间也没有事先限定。于是，在会议中，每个部门都大吐苦水，且浪费了大量的时间，没有意义。

所以说，清晰的会议流程，需要从以下几个方面设置：

（1）会议的总体目的以及预期的结果。

（2）会议总时长以及各环节所用的时间。

（3）提前联系参与会议的人员。

1.8.3 优秀的会议主持

就像每台晚会都需要一个主持人把控演出节奏一样，为保证会议的有序性，以及确保每个人员都能理解到会议的要点，会议需要设置一个优秀的会议主持。好的会议主持人能够把控整个会议的节奏，且对确保会议在限定的时间内完成具有非常重要的作用。

管理者在与下属召开会议时，可以充当会议的主持人，以把控会议节奏。但是，不能胜任会议主持的工作时，应该安排专业的或能把控会议节奏的人员担任主持人。

在会议中，主持人的主要工作包括以下几个方面：

（1）查看计时器，在会议进行过程中提醒与会人员会议所进行的时间。

（2）总结会议要点，确保与会人员理解会议内容。

（3）对会议内容做简洁的记录，以便于日后查阅。

1.8.4 必要的会后跟进

要想让会议真正高效起来，必要的会后跟进是必不可少的。开会不是为了开会而开会，而是为了能够给之后的工作提供一定的建议，并将这些建议应用于工作中。所以，为了保证会议的效果，中层管理者还应该在会后，做一定的效果监督和工作进度跟进。

C企业的中层管理者在每一次会议前，都会做好充分的准备，且对会议进程的把控也非常好。会议看似进行得非常顺利，但是由于缺少后期的跟进与监督，导致会议内容不能真正应用于实际工作中。于是，下属员工就认为：不管工作落不落实，上级都不会跟进，也不会检查。便开始消极怠工。这也就导致了管理者所召开的会议，以及对企业工作制定的规划都成为了一纸空谈。

由此可以得知：会后跟进，是会议和企业管理中不可缺少的环节。而会后跟进，可以从以下几个方面入手，见图1－19。

制定会议跟进表

联系项目负责人，定期汇报工作进度

对超时未完成的项目负责人进行追责

定期总结项目实施情况与问题，并反馈给项目召集人

对于已经完成的项目，项目负责人要提交完整的项目工作表

图1－19　中层管理者如何进行必要的会后跟进

第2章

请示工作讲方案

针对重要的工作，中层管理者需要向上级请示后才能做出最终决策。当然，请示工作需要注意一定的方式方法：不能单纯地将问题“抛”给上级，而要在请示前对问题做整体分析与梳理，制定出相应的解决方案供上级参考。这样不仅能够提升上级的决策效率，还会提升上级对你的好感度。

2.1

请示前拟定科学方案

对于重要的工作决策，则需要请示上级领导。而向领导请示工作，如何让上级领导清楚问题的所在，又能让领导愉快地将问题解决，则是一门艺术。

上级领导都喜欢会解决问题的员工，而不是只会提问题的员工。通常，向上级领导请示工作前，管理者要事先针对所提问题制定出相应的解决方案。如果直接把问题抛给上级领导，让领导想解决办法，那得到的结果往往不尽如人意。相反，如果能在事先提出几种解决方案，让上级领导做选择题，这样既能快速解决问题，又能获得赞赏，可谓一举两得。

2.1.1 不要直接向上级领导抛问题

直接向上级领导抛问题，领导只可能产生两种想法：一是你没有能力解决问题，只能找上级领导求救；二是你在推卸责任。

显而易见，不论上级领导产生哪一种想法，对中层管理者都是不利的。接下来，等待中层管理者的可能就是降职了。

赵先生是一家大型科技公司的中层管理者，工作一直兢兢业业。一次，赵先生在向上级请示工作后等待上级的解决方案，没有提出自己的想法。在赵先生的认知里，上级就应该帮助下属解决问题，而下属向上级直接提出自己的问题也属于好学的表现。所以，赵先生每次有问题都是直接向上级提出。时间一长，上级就开始怀疑赵先生的工作能力，最终将赵先生辞退。

从赵先生的经历中，可以看出直接给上级领导抛问题的严重性。那么，要怎样“艺术”地向上级领导提问题呢，见图2－1。

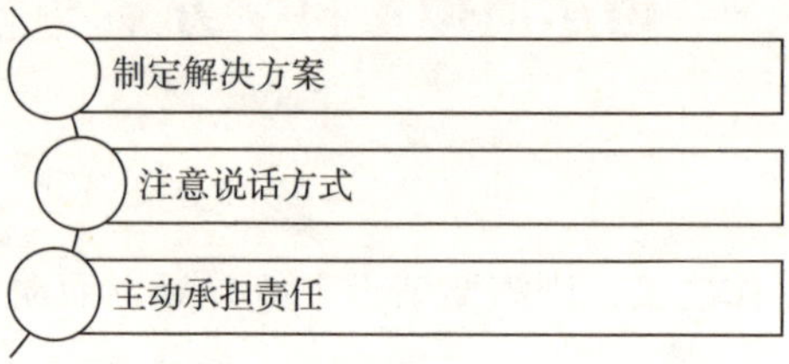

图2－1　中层管理者怎样向上级领导提问题

1. 制定解决方案

向上级领导提出问题的同时，应提供相应的解决方案。这样的做法，一方面能让老板“省心”；一方面能让上级领导看到你作为管理者的能力。

2. 注意说话方式

向上级领导请示工作时，一定要注意说话方式，不能用消极的态度。要知道，上级领导都喜欢充满朝气的员工，所以，在请示工作时，一定要让上级领导看到你的信心，感受到你对工作的专业态度。

3. 主动承担责任

在面对问题时，中层管理者一定要勇于承担责任，让上级领导认为你是一个有担当的人。

2.1.2　准备多套解决方案

向上级领导请示工作时，不仅要预先制定解决方案，还要注意不要只制定一种解决方案，而是要制定三种甚至更多种方案，以供上级领导做选择。

有人不理解为什么要设置多种解决方案，事实上，准备多种解决方案的原因有两个：

一是如果只准备一种解决方案，上级领导就没有了参考对象。如果上级领导认为你所提出的方案不合适，还需要自己去解决，他就会认为你的能力有限。

二是如果准备多种方案，上级领导就有了多种方案可以参考，能以最快的速度做出决策，这样不仅节省了时间，上级领导也会更加认可你的能力。

戴尔公司的一名中层管理者在请示工作方面，做得非常出色。一次，这名管理者在工作中遇到了一个问题——在其所设计的方案中涉及到了自己职责范围之外的财务问题。于是，这名管理者要针对这一问题向上级做工作请示，并在请示工作之前，制定了三种解决方案供上级领导参考，见图2－2。

解决方案	方案一：选择出租车出行。优点：出行方便。缺点：容量小，需要多辆，因此花费较高
	方案二：选择公交出行。优点：价格低，花费少。缺点：出行不便
	方案三：租赁大巴车。较出租费用低，较公交车出行更方便

图2－2　戴尔公司的中层管理者提出的三种解决方案

上级领导看到这名管理者所提出的解决方案后，选择了第三种方案，并对这名管理者的工作态度赞赏有加。

2.1.3 理性看待方案被否

在向上级领导请示工作的过程中，即使已经提出了多种相应的解决方案，但是仍然可能会出现一种情况——所提出的方案全部被否决。一旦出现这样的情况，中层管理者不能心怀怨恨或气馁，一定要理性地看待方案被否这件事，从而保证自己在职场上走得更远。

小王是一家服装公司的员工，通过自己的不断努力成为了一名中层管理者。而一次请示工作，却让小王之前的努力全都化为了泡影。由于行业内出现了一些势头强劲的竞争对手，使得小王所在的服装公司的产品销量大幅度下滑。针对这一问题，小王连夜制定了三种应对方案，并向上级领导请示。而上级领导在看过小王所提供的方案后，认为都不太合适，就全部否定了。然后又召集了其他中层管理一同商讨具体的对策。

为此，小王心中愤愤不平，认为上级领导不尊重自己的劳动成果。在之后的工作中，小王的工作态度越来越懈怠，直到被公司辞退。

可见，在方案被否后，应该理性对待，不能意气用事。此外，还应采取一定的措施，见图2-3。

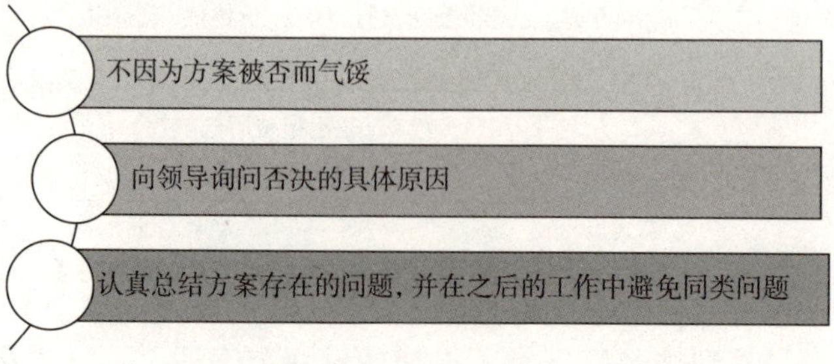

图2-3 中层管理者如何理性看待方案被否

2.2 将思考成果用倒金字塔展现出来

倒金字塔结构，也被称为倒三角结构，是常用的一种写作方式。倒金字塔要求在写作中，按照事件的重要程度依次递减的形式进行排列。作为公司的中层管理者，在向上级请示工作时，同样需要按照倒金字塔的形式，将自己对于工作的思考成果表现出来。

用倒金字塔的结构向上级领导展现思考成果的好处有两点：

（1）将要请示的工作按照重要程度的强弱进行表达，显得非常有条理，并且更加清晰易懂。

（2）上级领导每天都非常忙，没有太多的时间将你要表述的事情从头看到尾。将重要的事情说在前面，领导就会先看到重要的内容，也就会先解决重要的事情。用倒金字塔的结构汇报工作，能够给领导管理公司、做出决策提供很多便利。

2.2.1 把最重要的写在前面

向上级领导请示工作时，要把最重要的事情写在最前面，呈现出倒金字塔的结构。如果没有一定的条理性，上级领导就会分不清主次，也就不知道应该先处理哪件事情，哪些事情可以往后推迟。从而上级领导就会认为你做事没有条理，对你的工作能力产生怀疑。

小张是一家互联网公司的中层管理者。在向上级领导请示工作之前，其针对要请示的问题做了深入地思考。但是，小张却没有注意要将自己的思考成果条理化，并用倒金字塔的形式展现，以至于在向领导请示工作时，找不到重点。为了节省时间，领导让小张口述，挑重点的说，结果小张支支吾吾，也没有说清，原因就在于他没有事先罗列出事情的轻重缓急。为此，领导认为小张的工作能力不足以胜任中层管理的位置，给小张降了职。

因此，在工作中，被认为是非常重要的事情，可以写在请示工作前面，见图2－4。

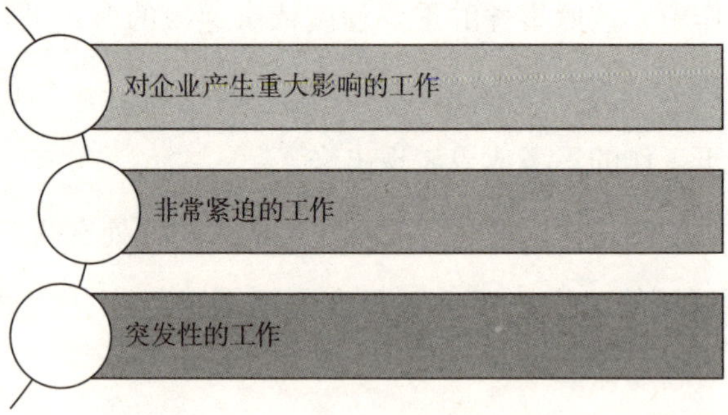

图2－4　哪些是重要的工作

2.2.2　一段只陈述一个观点

用倒金字塔的形式向领导展示自己的思考成果时，要注意在具体的陈述过程中，每段文字只陈述一个观点。

之所以要一段只陈述一个观点，是为了能够将自己的观点清楚地传达给领导，不至于由于陈述的观点过多而让领导摸不着头脑，造成混乱；一段只陈述一个观点，整个报告层次显得非常清晰，而领导在针对报告进行工作决策时，也可以依照段落分层逐段进行思考。

王女士作为公司的一名中层管理者，非常注意向领导请示工作的方法。每次向上级领导请示工作，王女士都会用倒金字塔的形式撰写工作报告，并且每段只阐述一个观点。有一次，王女士就购买设备的问题要向上级领导做请示。在请示报告中，王女士将自己的观点通过下面的方式进行了表达：

针对车间由于设备数量过少以及设备老旧的问题，建议公司能够新增一批技术先进的设备。购买设备的原因有二：

（1）公司车间内的设备数量过少，生产需求量远远超出现有设备的负荷范围，单位时间内的产品生产量过低，不利于公司实现高效生产。

（2）公司车间内的设备过于老旧，生产技术已经不适用于现在的市场需求。购买一批技术先进的设备，能够有效提升产品的质量，且对提升产品的市场竞争力具有非常重要的意义。

领导看过王女士所撰写的请示报告后，随即决定同意购买设备，并夸赞王女士的报告逻辑清楚，工作能力强。

一段只表述一个观点，可以从以下两个方面入手，见图2－5。

针对一件具体的工作考虑其中的多种原因

将多种原因按照一定顺序分段逐层陈述

图2－5　请示工作时如何一段只表达一个观点

2.2.3　工作顺序排列要客观

中层管理者的职责是要把控整个公司的工作执行，保证整个公司的工作有效进行。在向上级领导请示工作的过程中，不仅要用倒金字塔的形式展现工作重点，还要根据工作的重要程度将工作进行排列，且要注意工作排列的客观，如不能因为个人的私利或者好恶来决定哪些工作是重要的，哪些是不重要的。排列工作时，一旦出现了徇私的问题，就容易影响整体工作的正常运转，从而损害公司的利益。

某咨询公司的一名中层管理者由于不能客观地向上级请示工作，给公司造成了巨大的损失。

这名管理者由于与信息部门经理关系较好，所以在请示工作的时候，总是将信息部门的工作放在最前面。有一次，财务部门有一项重要的工作急需领导签字决策，但是这名管理者在向上级领导请示工作时，依然将信息部门的工作放在了最前面。恰巧领导需要出差，就只对报告上排在第一位的信息部门的工作进行了决策，这直接导致财务部门出现纰漏，给公司造成了巨大损失。

因此，管理者在用倒金字塔展示工作时，一定要做到客观公正。

2.3 呈现事件脉络，辅助上级决策

向上级领导请示工作是必要的流程。但是，中层管理者不要只是把问题抛给上级领导，让其梳理问题并解决。如果哪位中层管理者是这样的工作方式，那么其所在的位置就失去了存在的意义。

因此，作为一名中层管理者，要帮助上级领导了解基层的情况，找出问题及其解决办法，供其做出最终决策。

2.3.1 了解整个事件过程

在向上级请示工作时，必须要理清事件的脉络，对整个事件的发展进程了然于胸。只有理清事件的脉络，才能在向上级请示工作时做到清楚、有条理地将事件再次展现给上级。

作为公司的高层领导，常常接触不到基层的工作，对于工作中出现的问题或是需要解决的事件不能在第一时间内了解清楚。而中层管理者的作用就是将问题收集整理，并呈现给上级领导，方便其做出决策。

C公司的一名中层管理者在向上级领导请示工作时，就犯了没有理清事情脉络的错误。

这名管理者要就公司项目上线问题向上级领导请示——由于一名技术员的工作失误，导致项目上线的时间需要推迟。C公司的上层领导听到项目上线时间需要推迟这一问题后，非常着急，同时，又对具体的事件发生过程一头雾水。于是，上级领导就让这名中层管理者把事情从头到尾说一遍。

由于这名管理者没有事前理清整个事件的脉络，以至于在上级领导询问时支支吾吾，说不出个所以然来。上级领导见到这种情况，直接训斥道："你怎么做事的，请示工作连工作内容都没有了解清楚！先去了解清楚再来找我！"

可见，在请示工作之前，一定要弄清整个事情的脉络，以便于让上级领导更加清楚事件的前因后果。

2.3.2 找到事件关键因素

在向上级领导请示工作时，虽然要等上级给出决策才能进行下一步工作，但不能只是单纯地"等"。上级领导不是神，从知道一件工作到给出最终决定，这中间需要联系多个方面的因素。一个合格的中层管理者，就是要帮上级领导省略这中间的多个环节。

如在向上级领导请示工作之前，中层管理者就将整个事件的前因后果弄清楚，并找到其中的关键因素。在向上级领导请示工作时，将所收集的决策性信息一并提交。上级领导在明白整个事件后，再综合中层管理者提供的信息，即可做出决定。

王先生在D企业中是一名中层管理者。在向上级领导请示工作时，王先生非常注意在提问题时将决策性信息一并上交。这样的做法，给上级做出决策提供了很大的便利。

有一次，王先生要向上级领导请示关于选择合作商的问题。在请示之前，王先生已经将备选的合作商的各项指标都进行了总结，并且将D企业自身的实际需求进行了明确。所以，王先生在向上级领导请示工作时，除了提供各个备选合作商的基本信息，还将自己总结的企业需求，以及各备选合作商的符合指标一并提交给了上级领导。为此，王先生深受上司重用。

2.3.3 提建议但不做决策

职场中，不论是基层员工还是高层领导，都应该对自己的职位以及职责有一个清醒的定位与认知，绝对不能做出越级的举动。中层管理者也一样，应该明白该做什么很重要，不该做什么更重要。出现越级的行为，上级不但不会认为你“勤劳”，还会认为你“图谋不轨”，甚至把你视为“眼中钉”。

因此，在向上级领导请示工作时，要提供具有决策性的信息，但要注意一定不能帮领导做决策。

刘青是一家连锁酒店的一名中层管理者。由于刚刚上任，刘青非常想在工作中多表现自己，得到上级领导的认可。一次，在选择酒店的食品供应商时，刘青由于犯了越级的错误而受到了上级领导的批评。

备选的食品供应商一共有 A、B、C 三家。刘青在请示工作之前，针对三家食品供应商的各项资质，又根据酒店的具体需求进行综合对比。由此，刘青得出结论，认为 C 厂家最合适。后来，在请示时，刘青直接将三家食品供应商的资质对比，以及酒店的需求上交给领导。还不等领导做出决定，刘青就直接说：“经理，我已经综合对比过这三家厂家了，我认为 C 厂家最合适，我决定就选 C 厂了。”

经理听了刘青的话，直接将刘青的意见否决。刘青对此感到很不解，认为明明自己的方案是最合适的，为什么却被经理否定。殊不知，刘青正是做出了越级的举动，才引起了经理的不满。

2.4 知道哪些事情应“止于自己”

在一个企业中，中层管理者处在中间位置，必须明白哪些事情是应该“止于自己”的。

在工作中，如果一个中层管理者不论大事小情都要上报给上级领导，等待上级领导定夺，那么就失去了存在的意义。所以，作为一名中层管理者，一定要明白什么事情可以“止于自己”，自己可以解决的事情坚决不能上报给上级领导，不能给领导添堵，而是要学会为领导分忧。

2.4.1 芝麻小事别请示

在日常工作中，并不是每一件工作都能影响到公司的生死存亡。在公司正常运转的情况下，更多的是那些重复性的、简单的工作。对于这些工作，就完全没有必要上报给公司的上级领导，让其定夺了。

李玲是一家教育连锁机构的职员，由于工作认真，业绩突出，被领导提升为公司的中层。升职为中层管理后，李玲既高兴又紧张。高兴的是通过努力实现了升职加薪，紧张的是刚刚走上领导岗位，不知道哪些事情自己该做，哪些事情不该管。为了不出差错，李玲在工作中碰到任何问题，都要向上级领导请示之后才实施。

一次，公司要将公司内的桌椅置换一批新的，员工向李玲请示该选哪一种。李玲不敢自己做决定，就向上级领导请示。而李玲的领导在听到李玲请示的问题后，既生气又觉得可笑。李玲的上级领导对李玲说："李玲，你现在已经是公司的中层管理者了，不需要事事都请示。公司升你的职就是想让你们分担领导的工作，你这样做既浪费了我的时间，又没有起到你这个职位应该起到的作用。"

李玲听完上级领导的话，认识到自己的问题，在之后的工作中有了很大的改进，遇到烦琐的小事就自己处理，给领导减轻了不少工作负担。

2.4.2 职责之内别请示

在一个团队中，只有每个人都做好自己职责范围内的事，团队才会变得强大；反之，如果每个人连自己分内的工作都不能完成，那么整个团队的工作也完不成。作为中层管理者，要做好自己分内的工作，不要事事都请示领导。

赵经理是一家咨询公司的财务经理，在工作中非常谨慎，生怕工作出现纰漏。所以，即使是自己职责范围内的工作也要请示领导。新年伊始，公司有了新的工作计划，各部门的工作计划也要进行相应的调整，并且要重新安排各个员工的具体工作。

赵经理作为财务部门的经理，理应负责起财务部门员工的工作安排。但是，赵经理为了不让工作出差错，就先请示领导自己部门员工的工作安排应该怎么做。领导听到赵经理的工作请示后，批评他说："你是财务部经理，你连自己部门下属的工作安排都要问我，那公司要你还有什么用!"

赵经理就是将自己职责范围内的本该自己做好的工作"推"给了上级，从而引来了上级的批评。每个人都有自己的工作职责及工作安排，如果连自己份内的工作都做不好，那又怎么能担当大任呢。

2.4.3 闲事杂事不请示

工作中除了正常的工作运转，还有可能会出现一些与工作无关的“闲事”，这些“闲事”同样应该在管理者这一关屏蔽，避免上级领导被干扰。

在公司内部，员工之间可能由于立场不同或利益冲突产生矛盾，从而对工作产生影响。高层领导日理万机，需要实时关注市场动态，对公司的长远发展高屋建瓴。这时，管理者就要协调好下级与上级之间的关系，既要处理好下属员工之间的“闲事”，又要保证这些“闲事”不会传到上级领导耳朵里，干扰领导的工作。

王杰是一家公司的中层管理者，由于没有处理好公司下属员工发生的一些“闲事”，上级领导对其的工作能力产生了怀疑。

公司采购部的小张与财务部的小李，由于购买生产材料报账的问题产生了一些冲突。小张说采购部的小李报的账目有问题，还怀疑小李中饱私囊；而小李指责财务部的小张公报私仇，故意为难他。为此，他们吵得不可开交。王杰认为问题太复杂，自己没有能力处理清楚，于是就将问题上报给了领导。

而领导听到王杰的工作请示后，并没有帮王杰处理这些“闲事”，而是指责王杰：“你作为公司的中层管理者，连员工之间的矛盾都不能解决，公司还要你干什么！你处理不了，就换别人！”

由于王杰将员工吵架这种“闲事”请示给上级领导，不仅给其造成了很大的困扰，浪费了时间，还让领导对他的工作能力产生了怀疑。所以，作为一名管理者，一定要能够将公司中的“闲事”屏蔽，不要什么事都依赖领导。

2.5 看法不一时向上级阐述自己的观点

在向上级领导请示工作时，如果只是提出问题，会让上级领导觉得你的工作能力不够，遇到问题只会向上司求救。所以，在提出问题的同时，一定要提出自己的看法，让上级领导知道你是就这一问题深入思考后才请示的。但是，在阐述自己的看法时，难免会遇到与领导看法不尽相同的情况。

在与上级领导观点不一致时，中层管理者通常会采用以下三种不同的做法。

（1）直接向上级领导说自己的结论，并要求其按照自己的想法做决策。这样的做法会引起上级领导的反感，且会让其认为你有越级的嫌疑。所以，这种做法不可取。

（2）一味妥协，放弃自己的观点。这样的做法同样是不可取的。即使是上级领导，考虑事情也难免会有失误。而作为一名中层管理者，不能一味地妥协，给上级领导“唱颂歌”。当看到上级领导的问题时，应该及时提出，以保证决策的合理性。

（3）向上级领导阐述自己的观点，共同商议出最合适的解决办法。这样的做法不仅能增加上级领导对你的信任度，还有利于公司做出正确的决策。所以，在面对和上级领导的看法不一致的情况时，要懂得向其阐述自己的观点，并共同商议出合适的解决方法。

2.5.1 通过数据讲观点

向上级领导阐述自己的观点时，需要通过具体的数据来阐述自己的观点。相比一味强调自己的观点，摆数据则显得更加直观、具体。透过数据，可以让上级领导真正了解问题的实际情况。

王敏是一家服装公司的中层管理者，在向上级领导阐述自己的观点时，就很好地运用了数据。有一次，王敏向领导请示关于下一季度服装生产量的问题，如：关于哪一类型的服装具体要生产多少？上级领导思索后说："毛衣生产5000件，牛仔裤生产2000条，外套则生产6000件。"

听到这样的决策，王敏觉得并不是很合适，于是就提出了自己的观点。她先是将上一季度的具体销售额摆在领导面前，然后说："老板，这是咱们公司上一季度各产品的销售额，其中表明，毛衣的销售量在2000件左右，外套的销售量在3000件左右。而牛仔裤，上一季度一共生产了2000条，但是市场上出现了供不应求的情况。所以，我认为下一季度毛衣与外套的产量应该适当减少，而牛仔裤的生产量则应该增加。"领导看到数据后，非常认同王敏的观点，于是决定下一季度毛衣生产2000件，外套生产3000件，并加大牛仔裤的生产量，生产5000条。

可见，比起讲道理，摆数据更加具有说服力。

2.5.2 通过实际案例讲观点

向上级领导阐述自己的观点时，不仅要利用数据，还要通过类似的案例寻找合适的解决方法。很多问题，如果只靠自己埋头苦想，可能需要大量的时间和精力才能找到最合适的解决办法，但如果找到相应的实际案例，透过实际的案例找到解决办法就会容易得多。如通过实际案例向上级领导解释为什么这么做，这么做的好处，就更加具有说服力。

小孙是一家教育机构的员工，由于工作业绩突出，被提拔为中层管理者。在小孙上任后不久，公司内部出现了一个棘手问题：一名为公司做出过突出贡献，且一直表现良好的员工，由于个人原因在上课期间打架，严重影响了教学秩序。对于这样的情况，小孙无法解决，于是就去请示上级领导。

领导听到小孙反映的问题后，非常生气，当即决定辞退这名员工。小孙认为，这名员工之前的表现一直都很好，如果因为这件事情就辞退他，很有可能损失一个人才。于是，小孙拿出事先找到的其他公司遇到类似事件的处理案例。大多案例都表明，对于这样的员工，应该给其一个改正的机会。这样其不仅不会再犯，而且工作积极性还会更高；而如果直接辞退，就很有可能造成人才损失，甚至给公司招来麻烦。

看到这样的案例，领导经过考虑后，决定不辞退这名员工，而是扣除其当月奖金作为惩罚。事实证明，这名员工在受到这样的处分后，工作更加认真负责，业绩也有了明显的提高。

2.5.3 通过具体的困难讲观点

上级领导在做决策时，通常考虑的是公司的总体发展目标与发展要求，对于工作实施中的具体困难，可能考虑不够。在这样的情况下，中层管理者如果只是说："这样的工作任务实施起来困难很多。"领导非但不能理解，还会认为你是在推脱工作。此时，如果向领导说明存在的具体困难，领导会更容易接受你的说法。

王经理是一家建筑公司的中层。在向上级领导阐述自己的不同意见时，王经理非常注意讲出具体的困难。如有一次，在制定下一季度的工作计划时，领导决定下一季度要完成整个工程的80%。王经理听后，认为在下一个季度想要完成整个工程的80%，几乎是不可能完成的任务。于是，他提出了自己的观点："老板，由于目前材料出现了一些问题，新的材料要等10～15天才能到，中间耽误的工期较长，想要完成工程的80%，难度确实很大，建议适当减少一些工作量。"

听到材料问题的汇报后，领导经过认真考虑，认为完成80%确实难度太大，于是决定将下一季度的工作目标改为总工程的65%。

2.6

确保有效沟通

中层管理者向上级领导请示工作的过程，也就是与其沟通的过程。只有互相明白对方说话的重点，才能谈得上解决问题。

如果领导不知道你在说什么，那么之后的解决问题也就无从谈起；而如果领导给出了反馈，你却接收不到，那领导给出的反馈也就成了空谈。所以，在请示工作时，确保请示过程中的有效沟通很重要。

请示工作，主要分为三个方面：提出问题、上级给出反馈和执行决策。为确保请示工作中的有效沟通，要从以下三个方面入手。

2.6.1 清晰、具体地提问题

想要实现请示工作中的有效沟通，首先要清晰、具体地提出要请示的工作内容。只有这样，上级领导才能根据你的请示给出合理的工作决策。如果领导连你需要请示的工作内容都没有搞清楚，就不可能提出合理的解决方案。

王林是一家物流公司的中层。在向老板请示工作时，他因为不能清楚地表达自己所要请示的工作内容，在领导那儿碰了钉子。

有一次，王林就公司的物流用车问题向老板请示。王林的原意是想通过公司现在送货量下降和送货时间过长，表明公司现有的物流车辆不够用，需要增加。但是，王林在请示工作时，却没有清楚地将工作内容表达出来。在说送货需要的时间过长时，先说到了员工的工作态度问题，最后才说工作车辆不够用。这样的表达方式让领导摸不着头脑，不知道王林到底想要表达什么。

最终，领导问王林："你到底想说什么？是说公司的车辆不够用，还是说员工的工作态度有问题，还是想说别的？等你考虑清楚了再来找我！"

通过以上案例，可以得知：向上级领导请示工作时，想要清楚地表达自己所要请示的工作内容，可以从以下三个方面入手，见图2-6。

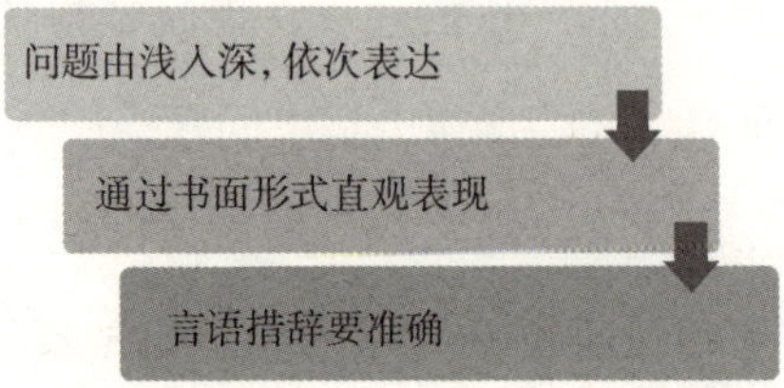

图2-6　怎样清楚地表达请示内容

1. 问题由浅入深，依次表达

在请示时，不要将问题一股脑儿全"倒"给领导。因为一次性阐述多个问题非常容易引起上级领导的思维混乱，也会影响自己的表达。因此，将问题进行梳理，由浅入深，你说得清楚，领导也听得清楚、明白。

2. 通过书面形式直观表现

如果只是口头上阐述，领导很容易听了后边忘了前边，无法整体地思考你提出的问题。如果将要请示的工作内容通过书面的形式表现，那就有利于其对问题的整体把握了。

3. 言语措辞要准确

要想清楚地表达自己的问题，就要注意措辞准确。如不说废话、不说可能产生歧义的话。

2.6.2 认真、全面地听指示

当领导根据你所请示的工作，做出具体的工作安排时，为保证请示工作的有效性，中层管理者要认真、全面地听取工作指示，避免出现漏听、误听的情况，从而给工作造成非常重大的影响，甚至对公司的利益造成损害。

1. 避免漏听

一般来说，领导给出的工作指示都具有一定的连贯性，每一个环节都尤为重要，缺少一个环节，就有可能对工作的整体实施产生巨大的影响。作为一名中层管理者，如果在听领导指示时，漏掉了其中一个环节，那后果是难以想象的。

2. 避免误听

所谓误听，就是不能正确理解领导的意思，或是所理解到的意思与领导的实际意图之间产生了偏差。正所谓失之毫厘，谬以千里。一个工作任务的错误理解，可能导致整个工作的失败。

李林是一家网络公司的中层。一次，李林就一个游戏界面的设计问题向领导请示时，由于没有准确地理解领导的意思，给公司造成了巨大的经济损失。

在设计游戏界面时，李林所在公司的一名设计师从网上找到一张非常符合公司要求的图片，向李林汇报。于是，李林向领导请示这张图片能不能用。领导分析后，告诉李林可以用，但是需要做一些调整，避免出现侵权的问题。但是，李林在听指示时，还在想其他工作，以至于只听到了“可以用”，但是没有听到“需要做一些调整”。之后，公司用了没有经过任何修改的图片。图片的原作者看到后，将李林所在的公司告上了法庭，告其侵权。为此，公司赔付了一大笔费用，李林也因此被辞退。

中层管理者要想准确、全面对获取的工作指示做一些调整，可以从以下三个方面入手，见图2－7。

抓取上级的讲话重点

上级讲话中哪些是重点内容，必须要准确抓取。错过一个重点就有可能导致之后工作的失误

分清工作的轻重缓急

上级对于一个问题的决策可能涉及到多项工作。这时，就需要中层管理者将上级所说的所有工作进行梳理，根据事情的轻重缓急有序执行

分析上级的隐含意思

对于一些并不是特别具体的工作，上级在工作指示当中可能并没有很明确地表达。中层管理者要善于分析老板的隐含意思

图2－7 如何准确获取上级领导的指示

2.6.3 积极、迅速地给出反馈

为进一步保证请示工作的有效性，除了要让领导听懂自己的意图，自己也要听懂领导的指示，从而进行积极、迅速地给出反馈。

这里的反馈指的是在听到工作指示后，管理者要形成自己的认识，并通过自己的话语向其进行确认。有时，听到别人说的话，我们自认为已经明白，但是实际上还有漏掉或者有偏差的地方。通过自己的语言将听到的话，再次表达出来，可以让说话者确认你领会的意思到底准不准确。这一过程，也是保证信息准确的过程。

听到工作指示后，需要注意以下两方面：

1. 完整叙述

做出反馈时，要完整叙述自己所接收到的所有信息，以供双方就信息是否准确进行确认。

2. 提出见解

接收到工作指示后，如果有不同的看法，需要在完整叙述工作指示后，单独就有异议的工作指示提出自己的见解。

第3章

布置工作讲流程

为什么上级规划无法落地？为什么下属执行总有折扣？可以说，没有规范流程，管理一切为零。制度管人，流程管事，在给下属布置工作时，中层管理者要做的就是讲清规范流程，确保下属执行到位，最终结果说话。

3.1

常复盘：环节不畅通时先梳理流程

管理者在布置工作时，需要通过设置一定的流程来确保工作的有效执行。而一个完整的工作流程，是由不同的工作环节组成的。只有让流程中的各个环节环环相扣，有序配合，才能保证工作任务高效地完成。如果在这个过程中，出现某一个环节的差错，就需要对流程重新梳理，以此来发现问题并解决问题。

所谓流程梳理，就是指综合公司的内部要求与外部要求，对整个公司的业务特点以及管理现状进行深入地分析和整理，找出当前工作流程中存在的问题。然后，根据企业总体的工作目标与发展规划，明确问题解决的方式、解决的程度以及实现的深度等，最终解决流程中存在的问题。

3.1.1 建立项目团队，明确工作目标

流程的梳理工作不是一个人可以决定的，也不是一个人可以完成的，需要建立专门的项目团队。在明确具体的工作目标后，管理者可根据工作目标，针对现有的流程进行梳理。

建立项目团队，制定项目的具体实施计划，并且明确项目实施的预算，为之后的梳理工作打下良好的基础。

王强是一家建筑公司的中层。在一个大型的商超建设工程中，由于中

途出现了一些不可预估的实际问题，导致前期所设计的工作流程出现了一些问题，其中的某些环节衔接不上。为此，王强建立了一个专门的项目团队，明确了工作目标以及具体实施计划，在预算的范围内对原有的工作流程进行了重新梳理。

梳理过后的工作流程更加符合现有的工作需求，各个环节之间也能更好地衔接，大大提升了工作效率。

建立项目团队，需要注意以下几个问题，见图3-1。

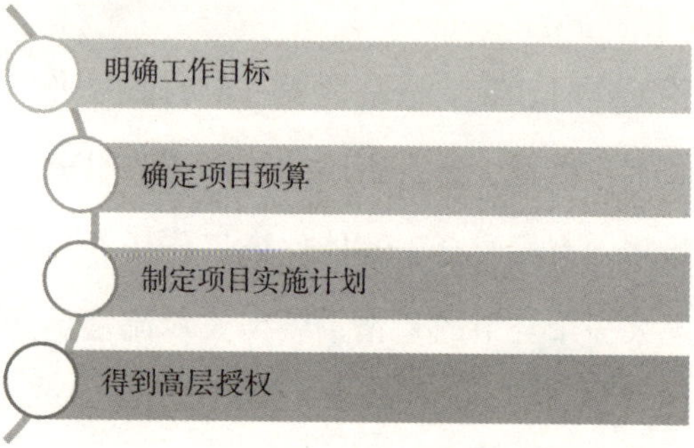

图3-1　建立项目团队需要明确的问题

1. 明确工作目标

工作目标的明确能够使团队在后续的工作中有一个整体的把控。

2. 确定项目预算

为保证公司的利益，任何工作的实施都需要在一定的预算范围内。流程梳理时，确定项目预算，不仅能够保证工作的顺利进行，还能够将企业的利益最大化。

3. 制定项目实施计划

任何项目的实施都要有一个具体的实施计划，按照计划做事，能最大程度避免工作出现偏差。

4. 得到高层授权

在梳理流程的过程中，难免会损害一些人的利益，从而引起他们的不满。所以，为保证工作的顺利进行，得到领导的授权很重要。

3.1.2 进行全面的流程调研

建立专门的项目团队后，就要针对原有的工作流程进行一次全面的调研。所谓流程调研，指的是深入了解企业的运营模式，总结企业的流程准则，将企业现有的所有流程都摸清、摸透。

流程调研是一个发现问题的过程。通过流程调研与梳理，能够对自身企业做出一个全面的剖析，进而找出问题并解决问题。

F企业是一家牛奶企业，由于这一季度的产品产量较上一季度出现了明显的下降，F企业的中层管理者决定对企业内部的工作流程进行重新梳理。接着，其在企业内部建立了一个专门的项目组，并联系了第三方咨询公司，对现有工作流程进行了一次综合的梳理。通过这样的梳理，公司找出了现有工作流程中存在的问题。

通常，对企业流程做调研，需要通过以下两个方面：

1. 对企业内部团队调研

企业内部的团队对于工作流程有更加切实的体会，找出的问题也就更加符合实际。

2. 通过第三方咨询公司调研

正所谓“不识庐山真面目，只缘身在此山中。”寻找自身企业的流程问题，如果单靠自己内部的人员，难免会漏掉一些问题，做不到从整体角度看问题。而第三方的咨询公司相比内部人员更加客观、公正；并且，咨询公司具有系统的咨询方法与咨询工具，能够帮助企业更好地完成流程梳理工作。

3.1.3 以原有流程为基础，提炼新流程

对原有的工作流程进行全面的梳理，发现其中存在的问题后，就要在原有工作流程的基础上，提炼出新的流程。

想要提炼出新的工作流程，需要制定完整的流程图。而通过流程图，可以清楚地看到工作流程中所涉及的部门、人员以及表单等。此外，新流程还要明确各个工作步骤的相关工作规范以及工作流程中的各个控制节点，见图3－2。

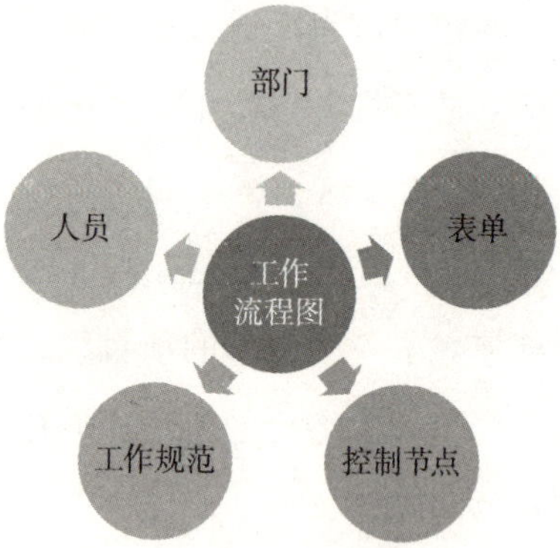

图3－2 工作流程图应该包含的内容

明确以上的内容后，各部门还要根据新流程进行讨论和修改，听取各方面的意见。综合修改意见进行修改后，新流程才能够实施。

3.1.4 评估执行效果，持续改进

流程的梳理与改造不是一劳永逸的。一次成功的流程梳理，可能解决了当下存在的问题。但是，在实际的运作过程中，也可能会出现各种不可预估的突发情况。一旦出现这样的情况，现有的流程就不再适用，而是需要重新进行流程梳理。所以，对执行效果进行评估，并以此为根据进行改进，是保证工作流程不论在哪个阶段，都能适用于工作需求的必须执行的手段。

3.2

定标准：固化标准步骤，树立工作准则

在给下属布置工作任务时，一定要说清楚工作步骤和工作标准。有了一定的标准后，下属工作执行起来才有“参照物”。如果布置工作时不设置一定的工作标准，下属对于完成工作就没有一个具体的衡量指标。这样，不仅会使下属在工作过程中产生迷茫感，还会增加后期工作考核的难度。没有一定的工作标准，就不能准确衡量下属的工作是否合格，考核也就失去了意义。

所以，管理者在布置工作的同时，还要制定相应的工作标准。

3.2.1 用任务六要素讲清工作标准

讲清工作标准，需要通过一定的数据体现，而这些数据则可以用任务六要素体现。

1. 时间

在布置任务时，要说明工作具体从什么时间开始做；什么时间要做完；什么时间要汇报工作等。

2. 地点

在布置任务时，要说明要去哪里；在什么场合。

3. 人员

在布置任务时，要说明谁是工作的第一责任人；哪些是配合人；工作要向谁汇报等。

4. 交付

在布置任务时，要说明工作任务达成的标准是什么；工作优秀的标准是什么。

5. 资源

在布置任务时，要说明工作中可以调配的资源有哪些；上级领导会给予什么样的支持。

6. 风险

在布置任务时，要说明此项工作都具有哪些风险；上级领导针对风险有哪些提醒。

当然，在制定工作标准时，不一定要将以上六要素全部涉及到，但是要根据工作需要通过以上要素，将工作标准讲清楚。

如某家建筑公司中的管理者在制定工作标准时，将工作标准定为："工程从7月1日开始，工期一共3个月。李明为这一项目的主要负责人。工程交付时，要达到相应的安全标准。"

3.2.2 量化工作标准，让下属知道怎么做

管理者在布置工作任务时，除了要制定相应的工作标准外，还要将工作标准进行量化。如果不将工作标准量化，下属只知道要按照既定的工作标准完成，但具体怎么做，做到什么程度，都不明白。而下属不明白，就会增加工作执行过程中的难度。

将工作标准量化，让下属看到工作标准就知道该怎么做，下属工作起

来自然更加容易，不论是工作质量还是工作效率都会有所提升。所以，在量化工作标准时，应该让下属知道做成什么样才合格，做成什么样才算优秀。

麦当劳作为著名的快餐品牌，对工作标准做了非常详细的量化。

如对汉堡包中肉饼的制作工序，麦当劳将工作标准进行了这样的量化："牛肉原料必须是精瘦肉，脂肪含量不得超过19%。牛肉绞碎之后，一律做成直径为98.5毫米，厚为5.65毫米，重量为47.32克的肉饼。"

通过这样的量化标准，员工在制作肉饼时，只需要按照制作标准严格执行，就可以做出符合要求的肉饼。再如对薯条的制作，麦当劳同样提出了具体的标准。麦当劳要求必须在50秒内制作出一份炸薯条；为了确保食品的新鲜度，薯条炸好后7分钟内，如果卖不掉，就必须扔掉。通过这样的量化标准，不仅简化了员工的工作，提升了工作效率，还严格保证了工作质量。有效保证了食品的新鲜度，使顾客每次到麦当劳都会吃到新鲜的食品，而麦当劳也因此受到了顾客的广泛喜爱。

在将工作标准进行量化时，要注意以下两个问题，见图3-3。

标准量化要符合实际

在量化工作标准时，一定要符合实际情况以及员工的工作能力。如果工作标准不符合实际情况，工作标准就形同虚设

不断调整量化标准

工作不是一成不变的，由于外界条件的变化，内部的要求也要随之改变。所以要不断调整标准，保证标准的适用性

图3-3 量化工作标准要注意的问题

3.2.3 严控标准，让标准有效执行

在布置工作任务时，如果制定了相关的工作标准，管理者就要保证和

监督标准的有效执行。如果只制定标准却不执行，就等于没有标准。

如果没有按照工作标准工作，要给出一定的惩罚，让其知道工作标准的重要性，并在今后的工作中严格执行工作标准。

刘玲刚到国外留学时，应聘到一家中餐馆打工。这家中餐馆的老板将工作标准明确地告诉了刘玲："盘子要用洗洁精清洗，洗涤干净后，再用清水冲洗 7 遍。"刚开始的时候，刘玲按照老板说的标准工作。但是她发现盘子用洗洁精洗过之后，冲洗 5 遍跟冲洗 7 遍没有什么差别。于是，刘玲不再按照餐馆老板制定的标准工作，不再用清水冲洗 7 遍，而是只冲洗 5 遍。

过了一段时间后，餐馆老板检查刘玲工作时，发现盘子没有达到要求标准。刘玲解释说："老板，我认为盘子冲洗 5 遍跟冲洗 7 遍都同样干净，没有必要浪费更多的时间和水。"餐馆老板在听到刘玲的话后，生气地说："我就告诉过你，盘子要用清水冲洗 7 遍。这是餐厅的标准，既然你不按标准做事，那就只能请你离开。"

3.3 明定位：顺着流程找到事项负责人

在布置工作任务时，管理者要注意明确各个工作的具体负责人。对于每项工作，都要落实到个人。如果工作只是落实到一个团队，那团队中的成员之间就会容易出现互相推诿的情况。员工都认为法不责众，工作中就会不认真，出现问题也不着急，认为总有别人会做。这样的工作方式不利于工作的高效执行。

而如果将各项工作都落实到个人，明确每个人的职责，当工作中出现问题后，就可以很快找到工作的负责人。通过这样的工作布置方式，员工在工作中才会打起十二分的精神，从而提高工作质量和工作效率。如果工作中出现问题，还能够第一时间找到责任人，有利于快速解决问题。

3.3.1 梳理工作流程，找到需要完成的工作

在实际的管理工作中，管理者要想能够顺着工作流程找到具体工作的负责人，方便自己的管理，首先要学会梳理整个工作流程。只有通过梳理整个工作流程，才能知道具体要完成哪些工作，才能知道哪些人做了哪些工作。

王刚是一家图书公司的中层。为了能够顺着工作流程找到事项的具体负责人，简化管理，并提高工作效率，王刚对出版图书的工作流程进行了

梳理。通过梳理工作流程，最终确定要完成一本图书，首先要由选题策划人员策划出合适的选题；确定了选题后，就要由撰稿编辑编写相关的内容；编写完内容后，要进行审稿和校对；最终才能够出书。

在明确出版一本图书所要进行的所有工作后，王刚针对流程中的各项工作安排了专门的负责人。通过给每项工作都安排专门的人员，就实现了顺着工作流程找到事项负责人，从而大大简化了管理工作。

因此，要想梳理工作流程，确定需要完成的各项工作，可以按照以下三个步骤进行：

1. 明确工作目标

想要梳理工作流程，首先要明确工作目标。如要出版一本经管类的畅销书、完成生产设备的维修工作或是设计一款衣服等。只有明确了工作目标，才能针对目标进行工作流程梳理。

2. 明确涉及的工作部门

在明确工作目标后，就要明确完成这一工作目标具体会涉及到哪些部门。如想要出版一本畅销书，就要涉及到策划部门、编辑部门、排版部门、封面设计部门以及印刷部门等。找出完成工作需要涉及的部门，才能明确每个部门的职责。

3. 将部门工作细化

将部门工作细化，就是要明确每个部门需要完成什么工作，最终的完成效果什么样，以及完成工作的时间限制等。

3.3.2 把工作落实到个人

要保证每项工作都能找到直接负责人，就要在布置工作的过程中，把工作落实到个人，且要明确由什么人做什么工作。这样，员工在工作时，责任感会更加强烈，工作也会更积极。而在梳理工作流程时，也可以根据工作流程找到具体的工作负责人，从而让工作变得清晰、高效。

张琳是一家传媒公司的中层。在布置工作的过程中，张琳根据工作流程，将各项工作任务都做了明确的分配，且让每一项工作都有专门的负责人。

如有一次，张琳在布置一项采访任务时，将采访前的资料准备，采访中的摄像、采访人员以及后期的视频剪辑、采访稿撰写都进行了明确的分配。如果采访过程中出现了问题，就可以根据流程，找出出现问题的环节，然后找到工作的直接负责人。这样的做法，大大简化了工作，且提高了工作的效率。

要确保把工作落实到个人，需注意以下几个方面：

（1）明确工作流程，找到需要完成的各项工作。

（2）根据各项工作的不同性质，找到相关的负责人。

（3）每项工作都要有专门的负责人。当负责人为两人或多人时，要对每个人员的工作进行进一步细分，保证每个人身上都有任务，但要避免出现责任不清的情况。

3.3.3 明确专门负责人

管理者需要负责公司内部整体的工作，而对于一些非常具体、细小的工作，就要设置一定的领导岗位，让这些岗位上的人员分担你的工作。如果事事都要亲力亲为，面对众多的工作任务就会力不从心。不仅会增加自己的负担，还会降低公司整体的工作效率。

王强是一家建筑公司的中层。对于任何工作，王强都要亲力亲为。员工不论工作中发生多么小的问题都要向王强汇报，等待王强处理。这样的结果，导致王强经常“开夜车”，且开始力不从心。

为改变这样的情况，王强针对不同的工作，设置了几个领导岗位。对于工作中出现的比较小的问题，员工可以直接找各小组的组长解决。遇到组长不能解决的问题，再上报给王强。通过这样的办法，王强不仅从繁杂沉重的工作中得到了解放，自己的工作效率也有了明显的提高。

3.4
控节点：掌控关键环节提升团队执行力

流程节点就是当工程需若干个不同程序（流程）或分若干个阶段来完成时，某一程序或某一阶段结束，另一程序或另一阶段开始时的转接点。管理者在布置工作任务时，控制好流程中的节点，就能够保证各环节的工作有序衔接，从而避免由于工作环节脱节给整体的工作运行造成阻碍。此外，把控流程节点，还能够加速工作的进程，有效提升团队的执行力。

3.4.1 找出并把控关键节点

想要控制好工作流程节点，首先要找出流程中的各个节点，然后对其中的关键节点进行控制。并且，在控制流程节点时，要注意并不是每个流程节点都需要控制，流程节点如果控制不好反而会适得其反。

赵丽是一家物流公司的中层。到这家物流公司任职后，赵丽发现公司内部的打款流程节点非常繁杂，常常由于给客户打款时间过长，引起客户的不满。为此，赵丽针对打款流程，找出了其中的各个节点，并对其中的关键节点进行了控制。

在赵丽进行流程控制之前，其所在的物流公司的打款流程非常繁琐，见图 3－4。

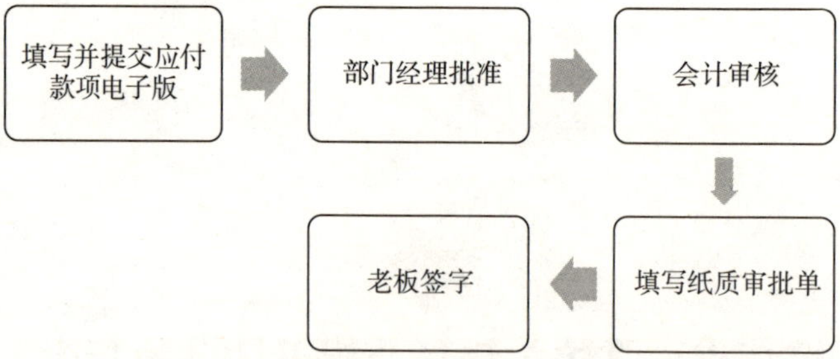

图 3－4 物流公司控制节点前打款流程

这样的流程走一遍，大概需要一个月左右的时间，不仅降低了企业的工作效率，还会引起客户的强烈不满。长此以往，不利于双方的合作。

为改善这一情况，赵丽梳理了打款的工作流程，并针对其中的关键节点进行了调整，见图 3－5。

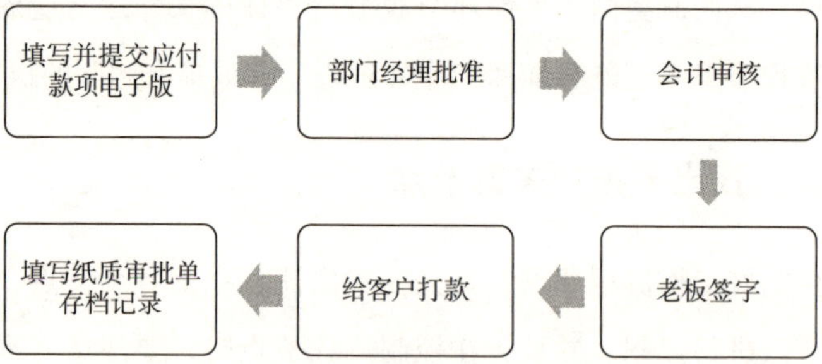

图 3－5 物流公司控制节点后打款流程

由上图我们可以看出，赵丽针对流程节点进行了有效控制，给客户打款，只需要填写电子版的打款表单，由部门经理批准后，经过会计审核，最后拿给老板签字同意，即可将款项打给客户。而纸质的审批单则放在了打款后填写，作为存档记录。

修改后的工作流程，与之前的工作流程相比，不仅简化了给顾客打款之前的工作流程，还缩短了给客户打款的时间，让客户不用等太久。并且，在打款后填写纸质审批单，同样能起到监督审查的作用。通过对流程节点的控制，不仅提升了工作效率，也保证了准确性。

3.4.2 删减多余节点

要想实现对整个工作的把控，以提升团队的工作执行力与工作效率，管理者还有一项非常重要的工作——找出原有工作流程中的多余节点，进行适当删减。

在整个工作流程中，并不一定每个节点都是有用的。那些对于工作的整体运营没有帮助，甚至有可能降低工作效率的节点，就是流程中的多余节点。而管理者在布置工作时，要学会删减多余的流程节点。

C 公司是一家教育机构，李莉在 C 公司是一名中层管理者。最初，李莉为了保证工作不出现差错，对于工作流程进行了非常多的控制。如教学设备的使用，老师要想使用公司的教学设备，如投影仪、话筒等，需要提前一天递交申请，并说明设备的用途、原因、用多长时间。用完后，还要填写设备情况表，确认设备没有任何问题，见图 3－6。

图 3－6　教学设备使用流程

这样的流程，给老师的实际教学造成了很多不便。老师使用教学设备是根据课堂的具体情况，决定要不要使用教学设备。如果有时因课堂的气氛很好，而用教学设备效果更好，但又因烦琐的程序没有用到，很容易影响老师的教学质量和教学进度。

在认识到问题的严重性后，李莉开始对多余的工作节点进行删减，如老师不用递交申请，可以随时使用教学设备，只需要在课后填写设备情况表，确保设备没有问题即可。通过这样的方式，不仅使老师的教学更加便利，教学质量也有了明显提高。

3.4.3 流程节点分级处理

完成一项工作，中间需要经历多个环节。如果将这么多的工作环节同时做，就会减慢整体工作的运行速度与进程。所以，管理者在布置工作时，要注意根据流程节点进行分级处理。不然，就会出现有的部门忙不过来，而有的部门却因为工作太少过于清闲，浪费工作时间。

流程节点一般可以分为以下几个层级，见图 3－7。

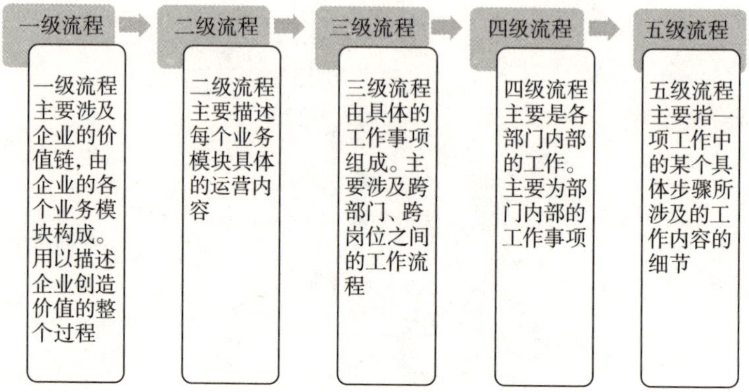

图 3－7 企业工作流程分级

3.5

会改善：从计划到纠正创造更完善的工作流程

不论前期的工作布置多么详细，在实施过程中随时会出现各种不可预见的因素，导致之前所布置的工作流程变得不再适用。因此，前期做好工作计划，并不断针对实施过程中出现的问题进行改善，才能创造出更加完善的工作流程。

3.5.1 认识PDCA

PDCA是由美国质量管理专家戴明提出的质量管理体系，又称“戴明环”。PDCA质量管理体系对工作从计划、执行以及之后的检查纠正都给出了明确的规定。

PDCA质量管理体系是一个循环的工作过程，见图3-8。

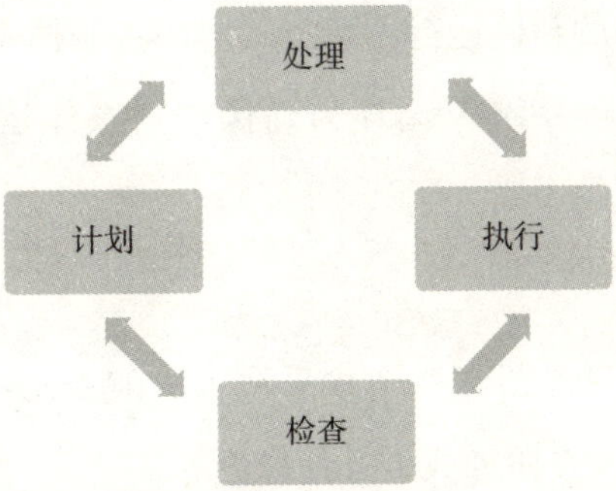

图3-8 PDCA质量管理体系

由上图可以看出，PDCA 质量管理体系具有以下明显特点，见图 3－9。

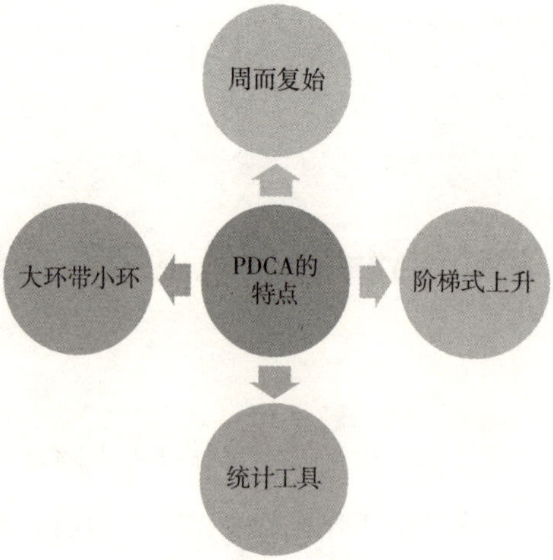

图 3－9　PDCA 质量管理体系的特点

1. 周而复始

PDCA 的应用是一个循环的过程，不是运行一次就完结。根据不同阶段所出现的不同问题，一次循环只能解决现有问题；对于还没有解决的问题或出现的新问题，就要进入下一个 PDCA 循环。以此类推，才能不断完善工作流程。

2. 大环带小环

一个公司或组织的整体运行体系与其内部各子体系的关系是大环带小环的有机逻辑组合体。PDCA 循环为确保公司整体运行，同样是大环带小环。

3. 阶梯式上升

PDCA 循环不是只停留在一个水平线上，随着解决问题的不断深入，PDCA 循环也呈现出一个阶梯式上升的趋势。

4. 统计工具

PDCA 循环应用了科学的统计观念和处理方法，是帮助企业发现并解决问题的有效工具。

3.5.2 P：Plan，计划

所谓计划，就是要求管理者在制定工作流程时，确定明确的工作方针与工作目标，并确定活动计划。要想通过完善的工作流程布置好工作任务，管理者首先要做好事前的调查。只有明确了工作需求，才能针对需求制定出符合实际要求的工作流程。

赵玉是一家化妆品公司的中层，在制定工作流程时，事先针对之前工作中出现的问题进行了调查。赵玉了解到，员工在给顾客推荐化妆品时，由于没有具体的工作流程作为参考，完全按照自己的意愿推荐，因此很多员工抓不准顾客的心理，导致销量提不上去。

为此，赵玉制定了相关的工作流程。流程规定员工首先要询问顾客的需求，当顾客有具体需求时，就要按照顾客需求推荐产品；如果顾客没有具体的需求，就要观察顾客的皮肤状态，针对不同的皮肤状态推荐不同的产品。

3.5.3 D：Do，执行

设计好工作流程后，就要进入流程的执行阶段。在这一阶段中，要注重对员工工作进行培训。如果没有事前培训，员工在不熟悉工作流程的状态下，很容易出现工作偏差，影响公司效益。

为使员工更好地遵照流程工作，赵玉对员工进行了事前培训，如对员工的说话语气、说话方式、什么时候询问顾客需求，以及怎样判断顾客的皮肤状态进行培训。

经过这样的培训，员工的工作方式得到了统一，工作起来也更加顺利。

3.5.4　C：Check，检查

所谓检查，指的是总结执行计划的结果，注意效果，找出问题。

制定工作流程，不能期望一劳永逸。对于工作流程的具体执行效果，管理者要注意检查执行情况，看执行效果是否符合预期，还存在哪些问题。只有善于总结，找出存在的问题，才能对工作流程进行不断完善。

赵玉为检查员工的工作执行情况，要求每个员工在每周五下班之前上交一份工作总结。在工作总结报告中说明本周的产品销售额、销售产品类别，以及在实际推销过程中出现的问题。除了要求员工上交工作总结报告，赵玉还经常在店里观察员工的推销过程，然后从员工的销售方式和顾客的反应中寻找问题。

通过检查，赵玉发现很多顾客在员工推销的过程中就离开了。针对这一现象，赵玉认真总结原因，发现这些顾客只希望随便看看，没有购买的意愿，而员工一直在其身边推销，影响了顾客的购物心情，甚至打消了其可能购买的意愿。

3.5.5　A：Action，行动

行动，指的是对总结检查的结果进行处理。如对失败的教训加以总结，以免重现，并将未解决的问题放到下一个 PDCA 循环。

而要想不断完善工作流程，就要针对总结出的问题找出相应的解决办法，然后对现有流程加以改善。

赵玉针对员工推销频繁导致顾客流失的问题，将产品推销流程进行了重新规定。新流程规定员工在顾客进门时，首先询问顾客需求。如果顾客

有需求，则按照顾客具体需求推荐产品；如果顾客没有具体需求，则询问顾客是想要自己随便看看还是需要一些推荐。如果需要推荐，则向顾客推销产品。如果不需要，则终止推荐行为，只在顾客主动询问时加以解释。

通过改善工作流程，顾客对赵玉所在公司的服务态度评价有了明显提高，产品销量也随之增加。

3.6 固经验：让流程成为习惯

管理大师约翰·科特曾经说过："要把变革巩固在制度、体系和文化中，否则就会出现变革的反弹。"这句话也印证了流程管理中巩固经验的重要性。

在工作流程管理时，除了要制定流程，将流程巩固于工作过程中，还要将流程观念根植于工作团队的心中，让流程管理成为团队工作的习惯。只有让流程管理成为团队工作的习惯，员工在工作中才能自觉进行流程改造，使工作可以进入良性运转状态。

3.6.1 没有习惯就无法主动优化

那些没有形成习惯的工作团队，管理者常常有这样的感受：将工作流程进行一次优化太困难了。前面要花大量的时间改造流程，执行阶段还要花大力气，整个过程下来既劳心又劳力。

而在那些已经形成习惯的团队，管理者往往有完全不同的感受：流程优化听起来像个大工程，但实际上，工作团队无时无刻不在进行流程优化。工作中发现了什么问题，马上提出、讨论，然后完善现有流程。既不用花费大量的时间完成整个流程的优化，也不用一直"拿着皮鞭"在员工屁股后边监督。

之所以有这样完全不同的感受，其根源就在于团队是否有让流程优化成为工作习惯。没有习惯，就不会主动发现流程中存在的问题，也不会主动寻求解决办法。

小张是一家物流公司的中层。由于员工没有形成优化流程的习惯，经常是问题已经非常严重后，才不得已进行流程优化。所以小张觉得工作流程优化都非常困难，他要花大量的时间组建项目组，找问题、找办法。找到解决办法后，制定出新的工作流程，还要时刻紧盯员工的执行情况。如果稍不注意，员工就开始松懈，照着原来的“老路数”工作。这样的情况让小张精疲力竭。

由此可见，工作团队如果没有将流程作为工作习惯，就无法实现工作流程的主动优化。

3.6.2 传统的流程优化形不成习惯

传统意义上的流程优化，通常是企业决定优化流程后，分两步实现流程优化，见图3－10。

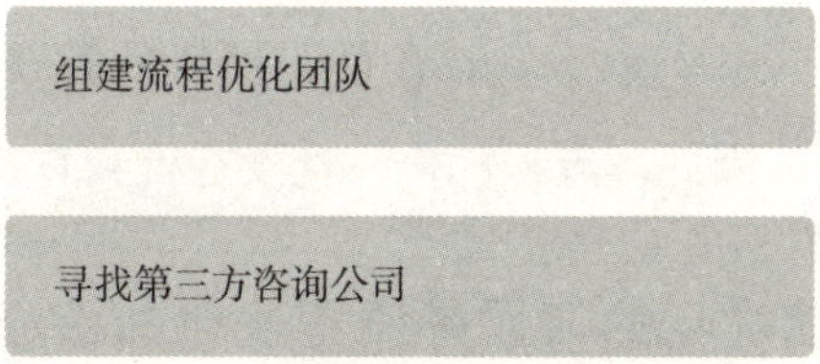

图3－10 传统的流程优化方式

1. 组建流程优化团队

为实现流程优化，最常见的是在企业内部组建专门的流程优化团队。针对企业工作流程中存在的具体问题进行讨论，根据实际工作需求，找到相应的解决办法，并应用于新的工作流程中。

2. 寻找第三方咨询公司

为了看待问题更客观、更全面，传统的流程优化过程中，除了在企业内部组建负责流程优化的团队外，还会寻求第三方咨询公司的帮助。通过第三方公司专业的工作体系，为企业构建出更加完善的工作流程。

但是，以上的优化方式往往不能形成优化习惯。对于流程优化团队以及第三方咨询公司交付的优化后流程，企业往往需要大量的时间与精力理解，而真正的实施阶段则需要更长的时间。在这段时间内，往往又会出现新的问题，而之前优化的流程又不适用了。

张超是一家大型牛奶企业的中层。对于传统的流程优化方式难以形成习惯这一点，张超深有体会。如上一季度，公司的牛奶销量出现了持续下跌的情况。为了优化工作流程，提升产品的销量，张超找到了一家著名的咨询公司，让其帮助公司找出流程中存在的问题，并进行流程优化。

在经过调查分析后，咨询公司认为在牛奶的生产工艺上存在问题，导致牛奶发苦，所以销量连续下滑。找到问题后，张超开始在公司内部推行新的流程，并针对生产工艺进行了流程优化。由于生产工艺发生了变化，员工对新的工作方式并不熟悉。就在员工还在熟悉新的工作流程的时候，又出现了新的问题。因此，流程优化一直没有得到真正落实。

3.6.3 持续优化的习惯是流程优化的核心目标

一次的流程优化只能解决当下存在的问题，而持续优化的习惯却能保证每次出现问题后都能通过流程优化解决。所以，解决当下问题固然重要，但形成持续优化的习惯才是流程优化的核心目标。

因此，管理者要致力于在团队中形成流程优化的习惯。当工作团队自身有了调节和改进机制，面对工作流程中出现的问题，与这一工作流程相关的工作人员就会因为习惯而尽力改进和完善工作流程。这无疑给管理者减轻了工作负担，促进了工作效率的提升。

某家网络公司的中层为使员工形成流程优化的习惯，在公司内部实行一系列措施：给每个员工都发放了一些“建议卡”，同时也在茶水间放置了大量“建议卡”，并鼓励员工将工作中发现的流程问题写下来，并提出相应的解决建议。每个月底，公司都会进行总结，且提出的建议被采纳的前 3 名员工会得到 500 元的奖励。

长此以往，员工就形成了优化流程的习惯。通过这样的方式，不仅调动了员工的积极性，还提升了员工的工作效率和工作质量。

第4章

考核工作讲标准

绩效考核是企业中的最大管理难题。主观评判，缺少公正和客观，形式主义，指标太多，不透明不公开，员工抵触，中层反感，上层困惑。如何让绩效考核变得更加公平和公开，让员工乐于考核、享受考核，管理者需要做到事实讲依据，过程讲规范，利益讲相关，结果讲标准。

4.1

绩效考核，让科学管理战胜个人思维

所谓绩效考核，是指企业在总体的发展战略目标下，运用一定的标准和指标，对员工的工作行为以及取得的工作业绩进行评估，并通过评估结果对员工之后的工作行为和工作业绩做出正面引导的过程和方法。

而通过设置绩效考核目标对员工的工作进行管理，能够减少领导因个人观点或好恶来影响对员工的管理，从而在最大限度上实现科学管理。

4.1.1 绩效考核有助于完善管理体系

在对员工进行绩效考核时，管理者需要参考企业总体的发展规划与发展要求。同时，还要明确每个部门的工作计划，并对各部门的工作计划进行层层分解。在设置绩效考核标准的过程中，实现对员工的科学管理。

张超是某家公司生产部门的一名中层管理者。在给员工设置绩效考核标准的同时，张超也实现了对所在部门员工的科学管理。

张超在制定绩效考核标准时，将考核标准分成了两条线，见图4-1。

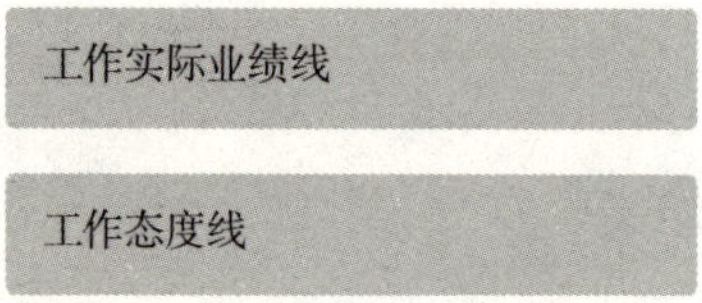

图 4－1　考核标准的两条线

1. 工作实际业绩线

主要考察员工在实际工作中做出的成绩。内容涵盖了员工生产产品的数量、质量以及生产效率等，占总体绩效考核的 70%。

2. 工作态度线

主要考察员工在工作中的态度、表现。考核内容主要包括员工自身的思想品德素质、工作过程中的认真程度、出勤率、工作纪律的遵守情况等。占总体绩效考核的 30%。

通过这样的绩效考核标准设置与考核，张超既实现了对本部门员工工作业绩的管理，也实现了对员工工作态度以及自身素质的考核。

4.1.2　绩效考核有助于监督工作过程

对员工进行的绩效考核，是一个持续的、动态的过程。在这一过程中，通过考核标准，能对员工的工作行为起到监督作用，且对员工的管理更加简单。

此外，由于绩效考核标准的制约，员工会在工作中更加注重操作规范与行为守则，这在一定程度上，帮助管理者规范了员工的工作行为。

某公司销售部门的中层管理者，针对销售人员制定了绩效考核的标准（见表 4－1）。

表4－1 销售人员绩效考核表

被考核人		个人编号		填表日期		
所在部门		岗位				
考核区间						
考核项目		考核得分		权重		备注
工作业绩	销售计划完成率			15%		
	新客户增加率			15%		
	老客户流失率			15%		
	销售量增长率			15%		
	销售日志等相关报表处理			10%		
个人素质	主动发现问题、解决问题的态度和能力			10%		
	沟通能力和亲和力			5%		
	团队合作意识，能够以集体利益为重			5%		
	工作责任心			5%		
	遵守法律法规以及公司的规章制度			5%		

员工只有按照相应的标准工作，才能在最终的绩效考核中取得较好的成绩。所以，销售人员在工作中，都要严格按照绩效考核表中的规定，来规范自己的工作行为。

4.1.3 绩效考核有助于改进工作方法，提升工作能力

绩效考核中有一个非常重要的环节——面谈。在完成一定周期内的考核后，通过建立绩效沟通反馈机制，能够发现并总结工作中存在的问题，以便及时改进，从而提升团队的工作能力，这也是实现科学管理的又一重要途径。

管理者针对员工的绩效考核表中反映出来的问题，通过与员工进行面

谈，不仅能够搭建与员工之间沟通的桥梁，促进两方沟通，还能及时发现和解决绩效计划完成过程中存在的问题，促进员工个人绩效与团队绩效的共同提高。

刘林是一家食品生产企业的中层。通过绩效考核面谈，刘林解决了员工在工作中出现的问题，提升了生产率，也实现了科学管理。

一次，刘林在与生产人员进行面谈的过程中，发现这名生产人员由于对生产设备操作不熟练，导致产品的生产率出现下降的问题。为此，刘林建议这名员工利用工作之外的时间，加强对生产设备操作流程的学习，并在实际的工作中多请教其他同事。

这名生产人员在与刘林面谈后，积极学习相关的操作知识。随着操作技术的不断提高，这名生产人员的生产效率也有了明显的提升。

4.1.4 绩效考核给员工晋升提供了客观依据

在科学管理中，有一个非常重要的方面，就是要保证员工晋升制度的公平、公正。而绩效考核恰恰给员工晋升提供了客观的参考依据。

对于员工的晋升与培养，绩效考核主要可以提供以下四个方面的依据，见图4－2。

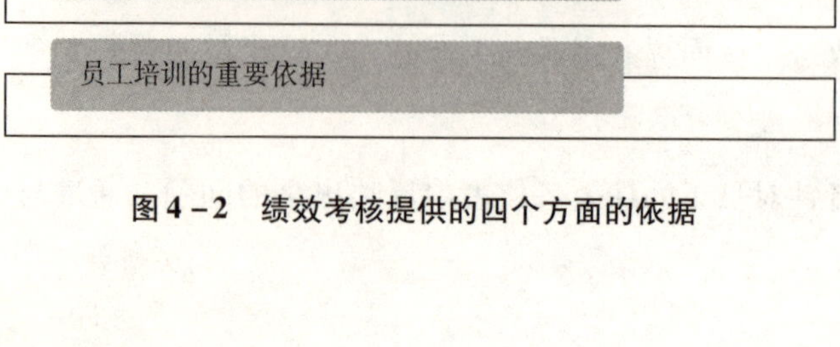

图4－2 绩效考核提供的四个方面的依据

1. 员工晋升的重要依据

科学管理，就是要在员工晋升时以能力为依据，以绩效考核的结果，决定员工能否晋升，而不是以“关系”为筹码。

2. 评优评先的重要依据

在科学管理下，员工能否评优评先，要拿成绩说话。绩效考核成绩不好的，就没有评优评先的资格。

3. 工作岗位调整的重要依据

对于员工的科学管理，就是要让优秀的员工得到提升，而表现差的员工得不到晋升或被降职。可以说，绩效考核表是员工进行职位调整时的重要依据。

4. 员工培训的重要依据

要想对员工实现科学管理，就要给有能力、有潜力的员工提供更多的发展机会。根据绩效考核表，表现突出的员工就能获得更多的培训、学习机会和更加广阔的发展空间。

4.2

SMART 原则，准确衡量“人”和“事”

要对员工工作进行考核，首先要给员工设立一个工作目标，以这个工作目标作为考核标准。

但是，很多管理者将设置工作目标看成了简单的布置工作，要么工作目标设置过低，员工能够轻易达到，起不到管理并激励员工的作用；要么工作目标设置得过高，员工即使再努力都达不到。这样的工作目标，不仅失去了考核的意义，还打击了员工的积极性。

因此，在设置工作目标时，管理者可以参照 SMART 原则，准确衡量“人”和“事”，将考核目标设置得“刚刚好”。

4.2.1 Specific，明确

明确，就是要求管理者在设置考核目标时，将目标安排明确。员工能够“听得懂”工作目标，才谈得上将工作目标执行好。

考核目标是否明确，可以从以下两个方面参照。

1. 工作性质明确

所谓工作性质明确，指的是所设定的工作目标要与执行员工的工作性质以及工作范围相吻合，不能设置员工工作范围之外的目标。

2. 工作细节明确

所谓工作细节，主要指具体的工作量、工作时长、主要负责人以及可利用的资源等。只有明确这些细节，员工对于工作目标达成过程的了解就会更清晰。

李玲作为一家美容连锁机构的中层管理者，在给员工设置下个月的工作目标时，设置了这样的工作目标："下个月我们要寻求突破，增加客户数量。"对于这样的工作目标，员工在具体执行的过程中就会犯难，因为不知道做成什么样才算达到了工作目标。在最后考核时，李玲也无法对员工工作进行考核。

为此，李玲改变了目标设置方式，将工作目标改为了："下个月要增加客户数量。客户数量在原有基础上至少增加 30 个，由各小组组长负责，每人至少找到 2 个新客户。"通过这样的设置，工作目标更加明确，员工的工作也更加清晰。

目标要想明确，就要考虑到以下几个要素，见图 4－3。

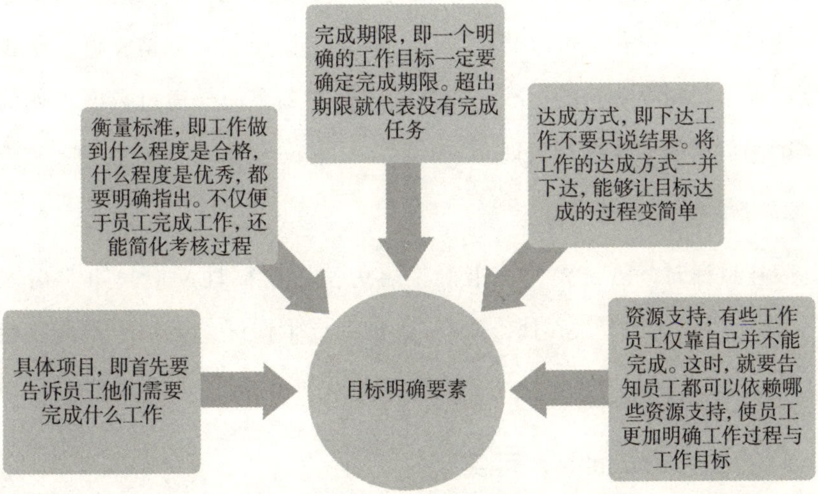

图 4－3　目标明确要素

4.2.2 Measurable，可衡量

为方便之后的工作考核，管理者在设置工作目标时，一定要保证工作目标的可衡量性。对于做多少算完成工作，工作要做到什么程度，都要给出明确的界限。否则，员工就会浑水摸鱼，投机取巧。并且，如果没有可衡量的标准，后期的考核工作就没有可参考的依据，考核也就无法展开。

什么样的工作目标是可衡量的？以设定员工工作能力为例：

如果将工作目标设定为："使员工的工作能力得到很大程度的提升。"这样的工作目标就无法衡量。"很大程度"这一表述非常模糊，没有具体的标准。

而如果将工作目标改为："员工能力都要有所提升，每个员工的月底能力测试都要达到9分以上。"这样的表述就使工作目标可以衡量。

而要想使设置的工作目标可衡量，可以参照以下方式。

1. 目标尽量量化与质化

对于工作目标涉及到的方面，能量化的尽量量化，不能量化的尽量质化。通过将工作量化，可以简化工作；而将工作质化，就是要将工作做到什么程度，都树立一定的标准。此外，工作中如果能够通过数据表现的工作，则用数据的形式进行表现。

2. 语言简练准确

表述目标时，语言要简练准确，避免使用模糊性词语。如"很大程度""较好""大致"等词语，容易让员工产生误区，不利于其高效地完成工作。

4.2.3 Attainable，可实现

在设置工作目标时，所设置的目标一定要能够实现。如果将目标设置

得过高，员工不论怎么努力都达不到，考核目标的设置也就失去意义了。注意：目标要稍高于员工的工作能力，这样可以促使员工更加努力；目标不能过高，过高容易打击员工工作积极性，又不能完成考核工作。

某个保险公司的管理者为实现工作业绩的增长，将工作目标定为："在一周之内，每个员工要新增客户500个。"一个保险销售人员要在一周之内找到500个新客户，几乎是不可能完成的任务。最终大家都完不成目标，考核也就没有意义了。

要保证目标的可实现性，就要注意以下问题，见图4-4。

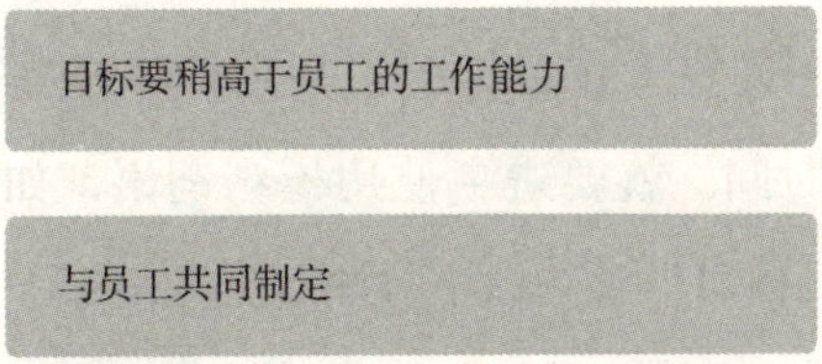

图4-4 如何保证目标的可实现性

1. 目标要稍高于员工的工作能力

如果目标设置在员工能力范围内，员工达成目标就没有挑战性，也就不能发挥考核的作用。因此，目标要稍高于员工的工作能力。

2. 与员工共同制定目标

在设置目标时，要善于听取员工的建议。听听员工的实际困难，结合员工的需求，最终与员工共同制定工作目标。

4.2.4 Relevant，相关性

相关性，就是要求工作目标的设置与公司内部其他的工作目标有联系。如果实现了这个目标，但与其他的目标完全不相关，或者相关度很低，那这个目标即使被达到了，意义也不大。所以，在设置工作目标时，

一定要在员工的职责范围内设置。

张琳是一家游戏公司的中层。在设置工作目标时，张琳将程序部员工的工作目标设置为："参加公司举办的绘画培训，并在考试中拿到A。"而程序员的本职工作是编写程序，提升绘画技能对于其工作能力的提升并没有实际意义。因此，给程序员设置绘画目标，就失去了目标的相关性。

4.2.5 Time bound，时限性

如果工作目标缺少了时限性，员工在工作中就没有了紧张感，做事就会拖拖拉拉。一旦出现这样的情况，必然会降低工作效率。

所以，管理者在设置工作目标时，一定要规定完成工作所需要的时间。而给出明确的时间，就要避免使用模糊词语，如：一段时间内、近期、最短时间等。具体可以参考以下方法，见图4－5。

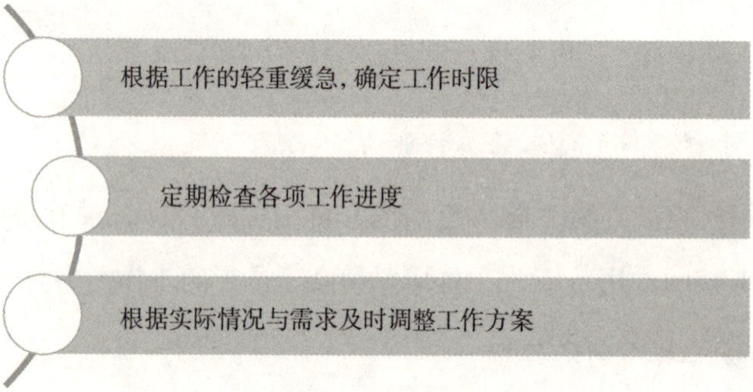

图4－5 如何保证工作目标具有时限性

4.3

树立关键性、主导性绩效指标

关键绩效指标，Key Performance lndication，简称 KPI，是企业宏观战略目标决策经过层层分解产生的可操作性的战术目标，是绩效计划的重要组成部分，是适用于衡量工作人员的工作绩效表现的量化指标。

此外，关键绩效指标可以使部门主管明确部门的主要责任，并以此为基础，明确部门每个人的业绩衡量指标。

在对员工工作进行考核时，管理者也要树立关键性、主导型绩效指标。通过这样的方式，更好地实现对于员工工作的考核。

树立关键绩效指标，需要明确以下几个方面。

4.3.1 明确关键绩效指标的来源

要建立关键绩效指标，首先要知道关键绩效指标从哪里来，从而找到适合员工绩效考核的指标。

通常，员工关键绩效指标的来源主要有三个方面，见图4-6。

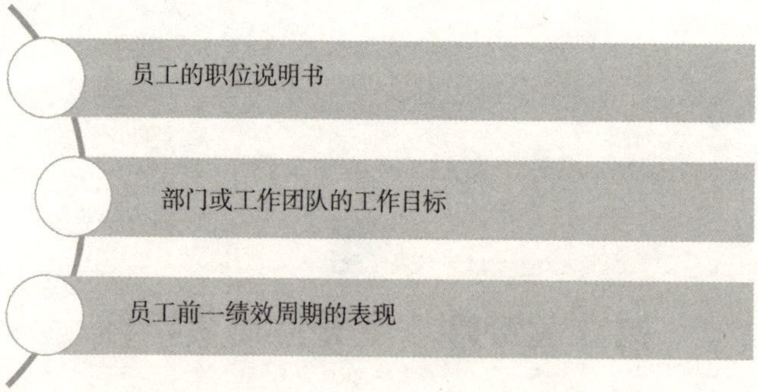

图4-6　员工关键绩效指标的来源

1. 来自员工的职位说明书

员工的职位说明书是员工关键绩效指标的来源之一。而从员工的职位说明书中寻找关键绩效指标，能帮助管理者重新定位员工的工作，不断丰富其工作内容。

2. 来自部门或工作团队的工作目标

部门或者工作团队的工作目标与整个企业的发展战略有着密切的联系。在建立员工的关键绩效指标时，管理者应该根据部门或团队的工作目标，与企业的发展战略相结合，对部门或者工作团队的工作目标进行有效分解，以此确定员工的关键绩效指标。

3. 来自员工前一绩效周期的表现

建立关键绩效指标，不只是确定新的工作目标，还应该将之前没有完成的工作目标加以完成和改善。所以，在确定关键绩效指标时，可以从员工前一绩效周期的表现入手。

张恒是某公司产品研发部的中层。在确定研发部门员工的关键绩效指标时，张恒依据了研发人员的职位说明书（见表4-2）。

表 4－2　研发人员的职位说明书

岗位名称	产品研发人员	所在部门		研发中心	岗位代码	
		直接上级		项目组长		
					编制日期	
工作职责	1. 按照工作要求完成项目的开发工作 2. 完成产品的设计开发、器件选择、试验以及测试等 3. 编制新产品相关的设计、技术等开发文件 4. 总结产品研发经验，不断改进并提高产品性能					

通过研发人员的职位说明书以及公司对于研发部门的工作要求，张恒将研发人员的关键绩效指标确定为：新产品的数量、产品在同行业的领先程度和新产品研发的周期。并通过这三个方面考核，对员工的工作进行综合考评。

4.3.2　明确需要制定哪几个关键绩效指标

在上文中，我们明确了关键绩效指标的来源。但是，关键绩效指标，“关键”指的就是其中最为关键、最为重要的工作内容，绩效指标也应该是最为关键的几个。

如果不将绩效指标进行区分，而是眉毛胡子一把抓，不但抓不到工作重点，还容易在绩效考核中迷失方向，不利于提高员工的工作效率。

某个管理者在设置员工的关键绩效指标时，不注意区分绩效指标，而是根据销售人员的工作职位说明书（见表 4－3），将其工作内容全部作为了关键绩效指标。

表 4－3　销售人员的工作职位说明书

工作职责	1. 接受领导，服从工作安排 2. 产品销售流程严格按照《销售人员管理条例》执行 3. 每月按照《销售人员寻访流程》开展工作 4. 定期反馈区域市场用户信息和需求，了解同行业的产品销售情况 5. 执行区域内营销工作的计划和落实 6. 督导实习销售人员的销售工作 7. 服从商务部临时指派的工作任务

由表4－3可以看出，这名管理者所制定的关键绩效指标看似全面，但却不是最“关键”的。以至于在实际的绩效考核中，并没有起到关键绩效指标考核的作用，还浪费了大量的工作时间。

4.3.3 明确制定周期

所谓制定周期，就是指多长时间指定一次关键绩效指标。关键绩效指标不是一成不变的，而是随着工作任务以及外部环境的变化而不断变化的。中层管理者在确定关键绩效指标的制定周期时，要注意周期不宜设置得过长或者过短。

某家著名网络公司的中层管理者，为了保证绩效考核的效果，不断调整关键绩效指标。每个月都要调整员工的关键绩效指标，且认为这样可以保证关键绩效指标一直都能适用于工作需求，不会出现“过时”的问题。

由于过于密集地调整关键绩效指标，员工对于绩效考核逐渐产生了厌烦情绪，降低了工作热情。

实际上，不同的企业适合的关键绩效指标制定周期也不同。对于那些经营状况良好、员工状态稳定、管理非常扎实的企业，可以适当延长制定周期，将制定周期限制在一年左右；而对于那些经营状态不佳、管理基础较为薄弱的企业，则应适当缩短制定周期，如可以控制在一个季度内。

4.4 建立个性化关键绩效指标卡，让每个员工都得 A

在很多公司的绩效考核体系中，都会有一张经部门主管和部门员工共同签字确认的关键绩效指标卡。有的公司又名绩效合约、绩效计划等。不论名称叫作什么，这张卡都有一个共同的作用——为员工的工作确立相应的工作目标和工作标准，帮助员工实现绩效的提升以及工作能力的提高。

4.4.1 每个员工的基本信息

个性化关键绩效指标卡最基本的部分，就是员工的基本信息。简洁而全面的基本信息，能够保证关键绩效指标卡“一卡对一人”，避免由于绩效卡基本信息填写混乱而影响整个绩效考核工作的有序进行。

常见的关键绩效指标考核卡中，基本信息包括以下几点，见图 4 –7。

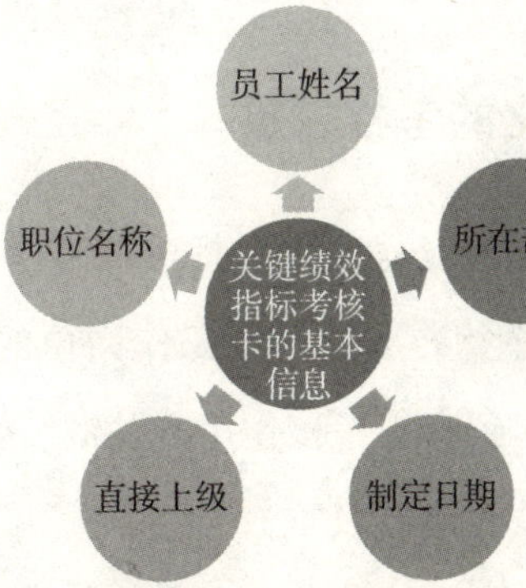

图 4 –7 关键绩效指标考核卡中的基本信息

4.4.2 明确个体化关键指标主体内容

关键绩效指标卡中的主体内容，通常分为两个方面：一是员工的关键业绩指标；二是员工的关键行为指标。

关键行为指标指的是对员工在一定的时间、空间以及职责范围内进行的关键工作行为执行状况的量化指标，是对员工工作行为进行个性化管理和考核的标准。

而关键业绩指标指的是员工所做出的工作业绩，可以细分为以下三类，见图4－8。

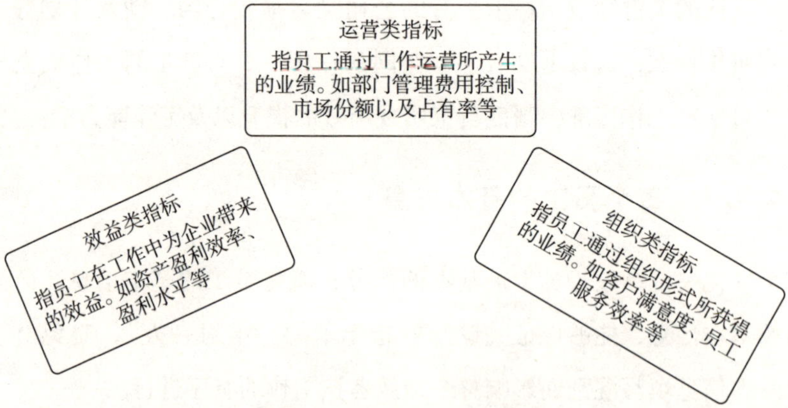

图4－8 关键业绩指标

4.4.3 设定个性化的考核权重

关键绩效指标卡的关键内容就是每个指标的考核权重。不少管理者把考核权重一体化，不管是哪个类型的或者工作岗位的员工都用A、B、C、D来表现。其实，一个能起到真正考核作用的关键绩效指标考核卡的权重，应该根据每类员工的不同特点进行设置。

如果是行政部门的关键绩效考核卡，就可以采取A、B、C、D这种无法量化的方式；如果是销售部门或生产部门，可以用100%或者1~10分的这种具体数字的方式来表现（见表4-4）。

表4-4 针对销售人员制定的《关键绩效指标卡》

考核项目	考核指标	权重	评价标准	评分
工作业绩	销售完成率	15%	实际完成销售额÷计划完成销售额×100% 考核标准为100%，每低于5%，扣除该项1分	
	销售增长率	10%	与上一月度或年度的销售业绩相比，每增加1%，加1分，出现负增长不扣分	
	销售回款率	10%	超过规定标准以上，以5%为一档，每超过一档，加1分，低于规定标准的，为0分	
	新客户开发	10%	每新增一个客户，加1分	
	市场信息收集	5%	1. 在规定的时间内完成市场信息的收集，否则为0分 2. 每月收集的有效信息不得低于×条，每少一条扣2分	
	报告提交	10%	1. 在规定的时间之内将相关报告交到指定处，未按规定时间交者，为0分 2. 报告的质量评分为3分，未达到此标准者，为0分	
	销售制度执行	5%	每违规一次，该项扣1分	
	团队协作	5%	因个人原因而影响整个团队工作的情况出现一次，扣除该项4分	

续表

考核项目	考核指标	权重	评价标准	评分
工作能力	专业知识	3%	1分：了解公司产品基本知识 2分：熟悉本行业及本公司的产品 3分：熟练地掌握本岗位所具备的专业知识，但对其他相关知识了解不多 4分：掌握熟练的业务知识及其他相关知识	
	分析判断能力	3%	1分：较弱，不能及时地作出正确的分析与判断 2分：一般，能对问题进行简单的分析和判断 3分：较强，能对复杂的问题进行分析和判断，但不能灵活地运用到实际工作中 4分：强，能迅速地对客观环境作出较为正确的判断，并能灵活运用到实际工作中取得较好的销售业绩	
	沟通能力	3%	1分：能较清晰地表达自己的思想和想法 2分：有一定的说服能力 3分：能有效地化解矛盾 4分：能灵活运用多种谈话技巧和他人进行沟通	
	灵活应变能力	3%	应对客观环境的变化，能灵活地采取相应的措施	
工作态度	员工出勤率	3%	1. 月度员工出勤率达到100%，得满分，迟到一次，扣1分（3次及以内） 2. 月度累计迟到三次以上者，该项得分为0	
	日常行为规范	3%	违反一次，扣2分	
	工作责任感	6%	0分：工作马虎，不能保质、保量地完成工作任务，且工作态度极不认真 1分：自觉地完成工作任务，但对工作中的失误，有时推卸责任 2分：自觉地完成工作任务，且对自己的行为负责 3分：除了做好自己的本职工作外，还主动承担公司内部额外的工作	
	服务意识	6%	出现一次客户投诉，扣5分	

4.5 用好不同的考核工具

绩效考核工作是一项系统的工作。而要想做好绩效考核工作，让绩效考核变得简单、高效，就需要运用一定的绩效考核工具。绩效考核的工具有很多种，不同的考核工具适用的具体情况不同。

因此，管理者要明确各个考核工具的特点，并针对自身企业的具体情况，选择适合的绩效考核工具。

4.5.1 MBO：目标管理

目标管理法由管理专家彼得·德鲁克提出。目标管理法强调考核过程的重要性，提倡制定绩效考核目标时，由上级和下级通过共同商议制定，并定期检查考核目标的完成情况，而奖励或者处罚则根据绩效考核目标的完成情况来定。

任何方法都有一定的优缺点。要想更好地运用MBO绩效考核方法，还要明确其优缺点。MBO考核法的优点有三：一是能够直接反映员工的工作内容，便于对员工进行考核反馈，并提出相应的建议；二是强调员工共同参与，大大增加了员工的工作积极性和责任感；三是有助于改进组织结构的职责分工。

而MBO考核法的缺点则是各个部门以及各个员工之间的目标不统一，

不利于在员工之间做横向对比，为员工晋升提供依据。

1. MBO 实施的四共性

MBO 在具体实施的过程中，强调“四共性”，见图 4－9。

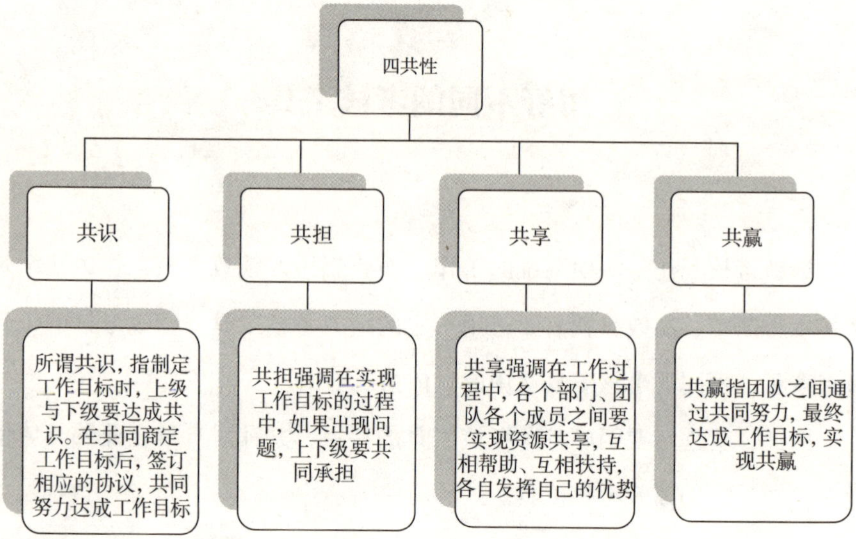

图 4－9 MBO“四共性”

2. MBO 实施的具体步骤

在绩效考核中要想运用 MBO 绩效考核法，需要明确 MBO 实施的具体步骤，见图 4－10。

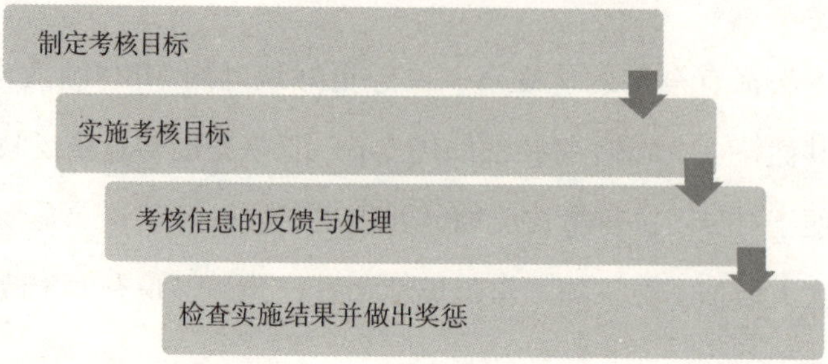

图 4－10 MBO 实施的具体步骤

（1）制定考核目标。

制定考核目标包括制定考核目标的依据、对考核目标进行分类等工作。在制定考核目标的过程中，要注意上级与下级之间的沟通，且最终的目标确定一定要得到各个人员的统一确认。

（2）实施考核目标。

实施考核目标是绩效考核的核心阶段。在这一过程中，要做好各方面的调节配合工作，保证工作的有序进行。

（3）考核信息的反馈与处理。

考核信息的反馈与处理指的是对于员工工作信息的收集。在这一过程中，要结合员工的实际工作表现，做好信息的收集。便于之后的考核工作的展开。

（4）检查实施结果并做出奖惩。

完成员工的考核工作后，就要针对员工在工作中的具体表现，结合既定的考核奖惩制度，对员工实施一定的奖惩。

4.5.2 BSC：平衡计分卡

平衡计分卡，Balanced Score Card，简称 BSC。BSC 绩效考核方法是一种全新的绩效考核方法。与其他绩效考核方法不同，BSC 更加强调战略管理。在制定绩效考核方案时，BSC 要求以企业的总体战略为核心，建立“实现战略制导”的绩效管理系统。

管理者在使用 BSC 绩效考核方法时，可以参照以下具体步骤，见图 4－11。

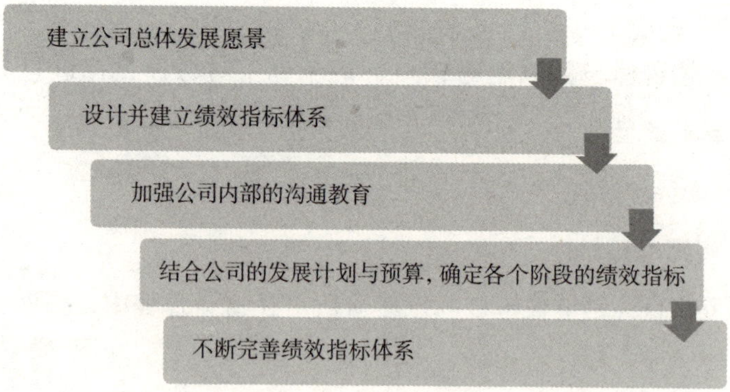

图 4－11　BSC 绩效考核方法的具体步骤

1. 建立公司总体发展愿景

要想实施 BSC 绩效考核方法，首先要建立公司总体发展的愿景，再结合公司的发展愿景，最终各个部门根据自身的职能来设置绩效衡量指标。

2. 设计并建立绩效指标体系

根据公司的总体发展目标，并结合公司长期发展的需要，各部门要找出适合自己的绩效衡量指标，并通过在公司内部自上而下进行探讨，通过不断沟通和协调最终确定绩效指标体系。

3. 加强公司内部的沟通教育

加强公司内部的沟通教育的目的，是要让公司内部的每一个员工都能明白公司的发展愿景，以及绩效衡量指标的具体内容与作用。

4. 结合公司的发展计划与预算，确定各个阶段的绩效指标

建立总体的绩效指标体系后，就要将绩效指标体系进行分解，从而确定各个发展阶段的绩效指标。如公司每年、每个季度甚至每个月的具体绩效衡量指标，并以具体数字的形式进行确定。

5. 不断完善绩效指标体系

绩效指标体系并不是一成不变的。随着实际工作情况的变化，之前制

定的绩效指标体系可能会出现不适用的情况。所以，要根据实际情况，不断完善绩效指标体系。

当然，在建立绩效管理系统时，也要明确平衡计分卡的优缺点。

平衡计分卡的优点，见图 4－12。

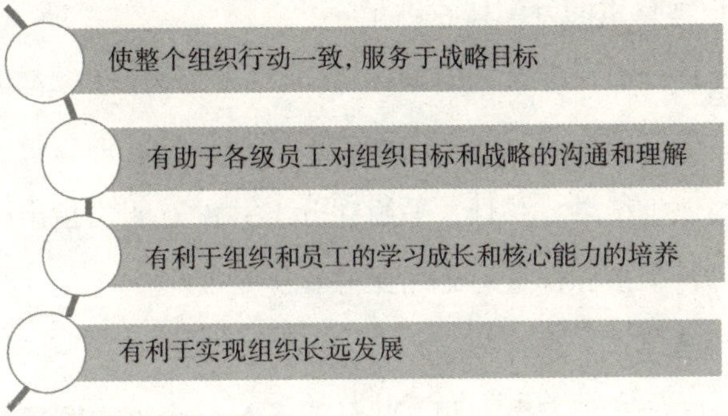

图 4－12　平衡计分卡的优点

平衡计分卡的缺点，见图 4－13。

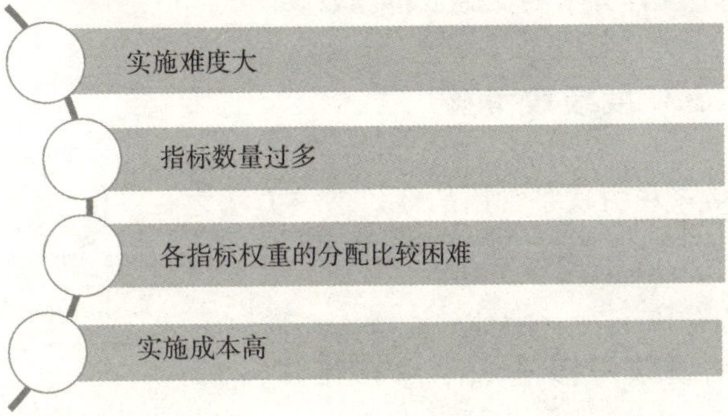

图 4－13　平衡计分卡的缺点

（1）实施难度大。

平衡计分卡要求企业在实施的过程中，有一个明确的组织战略，如高层管理者具备分解和沟通战略的能力和意愿；中层管理者具有指标创新的能力和意愿。因此，管理基础差的企业不可以直接引入平衡计分卡，必须先提高自己的管理水平，才能循序渐进地引进平衡计分卡。

（2）指标数量过多。

平衡计分卡涉及到财务、客户、内部流程以及学习等多个方面，其中包含了多种指标，所以各个指标之间的因果关系很难做到真实、准确。

（3）各指标权重的分配比较困难。

由于平衡计分法所涉及到的指标过多，并且每个指标都应该有相应的权重。但是，不同的层面及同一层面的不同指标分配的权重不同，将可能会导致不同的评价结果。并且，平衡计分卡并没有明确指出确定权重指标的方法，所以各个指标权重的分配变得非常困难。

（4）实施成本高。

平衡计分卡涉及到多个方面，并且要求为每个方面制定详细而明确的目标和指标。在这一过程中，需要耗费大量的时间和精力将其分解到相关部门，并找出合适的指标。此外，平衡计分卡的执行也是一个耗费资源的过程。所以，平衡计分卡的实施成本比较高。

4.5.3 360 度绩效考核

360 度绩效考核方法是常用的绩效考核方法之一，由 Intel 公司最早提出并应用于实际的绩效考核工作。

1. 360 度绩效考核法四个考核维度

与其他绩效考核方法相比，360 度绩效考核方法最大的特点就是评价维度多元化，见图 4－14。

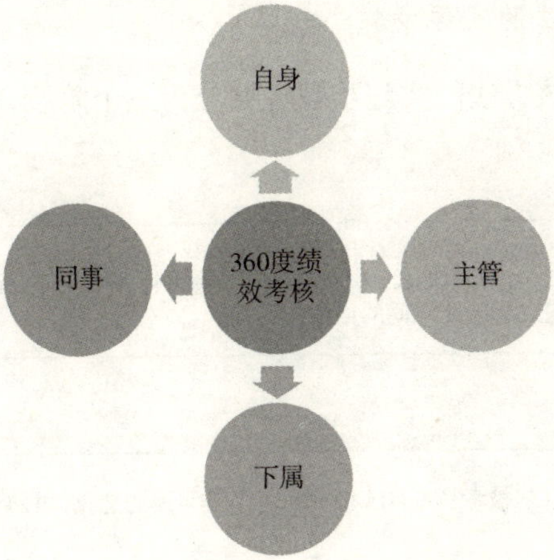

图 4－14 360 度绩效考核方法的四个考核维度

维度一：自身。

在实施 360 度绩效考核方法的过程中，要让被考核者针对自己的工作表现与工作业绩进行评定。通过自我剖析，找出在工作中存在的不足。

维度二：同事。

360 度绩效考核方法要求在对一个员工进行考核时，要充分了解其同事的意见。由于同事之间在日常工作中接触最多，对被考核者的优缺点也更了解。所以，360 度绩效考核中，同事的意见是一个重要方面。

维度三：主管。

绩效考核中常见的考核意见来自主管。由于主管更加熟悉绩效考核的标准和方法，在实际的考核中就会更加得心应手。

维度四：下属。

通常意义上，下属是不能对上级的绩效考核发表意见的。但是 360 度绩效考核方法要求对被考核者的考核要全面。通过下属的意见，更能反映出被考核者在工作中的实际状态，所以考核结果也会更加全面。

2. 360 度考核法的实施步骤

360 度绩效考核方法的实施步骤主要分为三个阶段，见图 4－15。

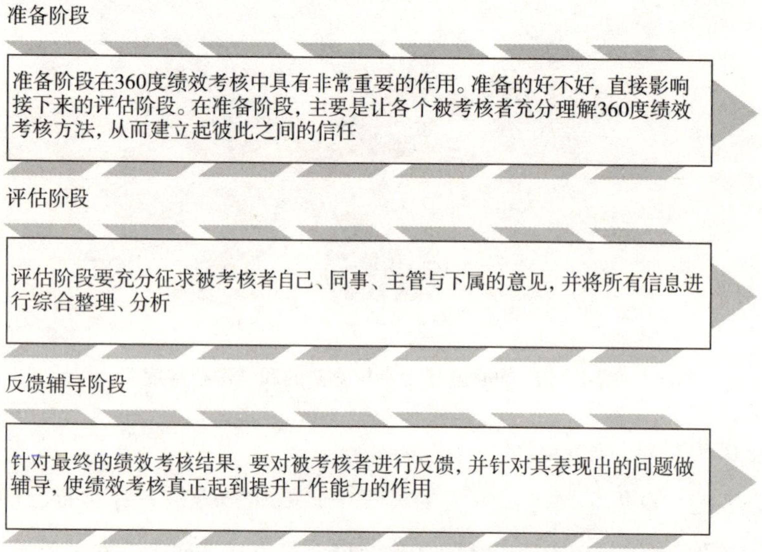

图 4－15　360 度绩效考核方法的实施步骤

3. 360 度考核法的优缺点

优点：360 度考核法打破了由上级考核下属的传统考核制度，将考核结果客观、公正地表现出来，能有效避免考核中的片面问题，且能反映出不同考核者对同一被考核者的不同印象，让被考核者更加全面地认识到自己的不足之处，从而更好地进行改进。

缺点：360 度考核法的缺点在于考核成本非常高。要进行一次 360 度考核法，需要多个人员同时进行，这不仅增加了时间成本，还增加了人力成本。

4.6

考核标准清晰可见

在对员工工作进行考核时，管理者还有一项很重要的工作——明确具体的考核标准，确保后期考核有具体的衡量参考依据。

如果没有明确的考核标准，员工的工作好坏就无法衡量，考评阶段的难度就会加大。并且，如果没有明确的标准，评论员工工作只是参照考评者的好恶，那绩效考核就失去了公平，不仅不能促进员工的工作，还会严重影响员工的工作积极性。

4.6.1 能够量化的全部量化

实际工作中，大部分的工作都是可以量化的。对于能够量化的工作，管理者在设置考核标准时，就要将这类工作的考核标准全部量化。量化考核标准，不仅是员工在工作中具体的目标，还能给后期的绩效考评提供一个清晰、有力的参考标准。

张琳在一家著名公司任中层。在对公司的销售人员进行绩效考核时，张琳设置了明确的考核标准。通过将销售人员的工作进行量化，制定了针对销售人员的《绩效考核表》（见表4-5）。

表 4－5　针对销售人员的绩效考核表

	销售人员绩效考核表				
		工作目标	工作完成情况	上级评价	总分
财务方面	销售货款率	80%			
	产品销售额	95%			
客户方面	客户流失率	0			
	客户维系率	100%			
	客户投诉率	0			

通过设置《绩效考核表》，张琳将销售人员的工作业绩进行了清晰的量化。在后期考评中，只需要根据《绩效考核表》展现出的数据高低，就可以对销售人员的工作进行考评。这不仅让考核工作变得简单，还保证了绩效考核的公平、公正。

通常，量化员工的绩效考核标准，可以通过以下三种方式，见图 4－16。

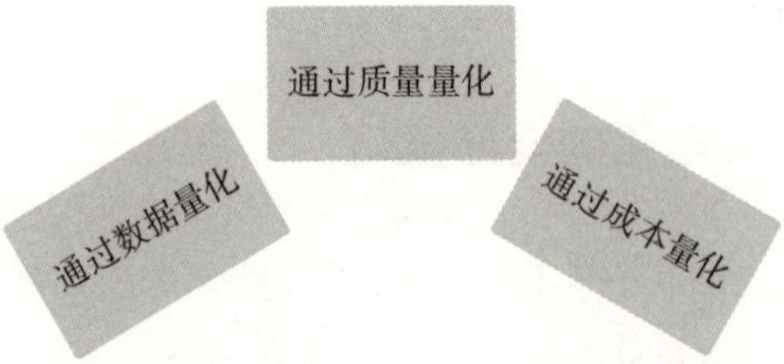

图 4－16　如何量化员工的绩效考核标准

1. 通过数据量化

对于员工的工作情况，数据通常能够更加直观、客观地展现出来。如工作量、销售额、利润率、产量、工作完成率、投诉率、完成期限等。

2. 通过质量量化

员工的工作完成情况，可以通过工作完成的质量进行量化。如客户的满意度、工作的准确率、通过率、合格率等。

3. 通过成本量化

要量化考核标准，可以从成本的角度量化。如员工生产使用了多少成本、成本节约率、成本下降率等。

4.6.2 不能量化的要细化

在实际工作中，除了将能量化的工作量化外，还有一部分工作由于工作性质的原因不能进行量化，而对于这样的工作，就要进行细化。通过细化工作，员工对于自己的工作职责就会有更加清晰的认识，工作起来也会更加周到、全面。后期对这类员工进行考核时，就可以依照细化后的工作内容对其进行考核。

某公司的中层管理者在设置员工的考核标准时，对于能够量化的工作种类都进行了量化。但是，对于公司的行政人员，这名管理者认为行政人员的工作性质并不适合量化。所以，针对行政人员的工作职责，其将考核标准进行了细化（见表4－6）。

表4－6　行政人员绩效考核表

工作职责	细化范围
办公室日常办公制度维护、管理	
办公室各部门的后勤保障工作	购买办公用品：卷筒纸、笔、打印及复印耗材
对全体办公人员（各部门）进行日常考勤	统计员工的出勤率
初步的人事管理制度，并履行人事管理职责	筛选合格面试人、通知面试时间，汇总面试人员资料及通知合格人员上班
处理公司对外接待工作	对来访者进行登记
组织公司内部各项定期和不定期集体活动	确定公司团建的时间、地点、内容
协助总经理处理行政外部事务	处理行政部与其他部门的工作交流
按照公司行政管理制度处理其他相关事务	如提醒工作人员具体的工作事项与工作问题

通过这样的方式，行政人员不仅对自己的工作职责有了更加清晰的认识，公司也简化了考核工作，节省了时间、人力成本。

细化考核标准，可以通过两个步骤实现：

步骤一：圈定员工的工作范围，总结其工作职能。

步骤二：在员工的工作范围内，做进一步划分。如员工需要做哪些工作，能够达到其工作岗位的要求。

4.6.3 不能细化的一定要流程化

实际工作中存在着少数不能细化的工作，对于这样的工作一定要流程化。对于那些既不能量化，又不能细化的工作，如果不通过设置一定的流程对其进行限定，后期的考核工作就会由于缺少具体的参考依据而变得非常困难。

将不能细化的工作流程化，员工工作时就可以参照流程化之后的考核标准。这样的方式不仅给员工提供了一个工作标准，还给绩效考核提供了一个参考依据。

某建筑公司的管理者在对公司内部的质量监督员制定考核标准时，考虑到质量监督员工作性质不能量化，也不能细化。所以，其对质量监督员的工作通过流程化的形式进行了标准设定（见表4－7）。

表4－7　质量监督员的工作范围

具体工作内容	按照质量监督计划实施监督管理工作
	深入施工现场，对地基基础、主体结构、关键工序等实施重点监督，对原材料、构配件、设备按规定进行监督检测
	实施全过程质量监督管理，发现严重工程质量问题应及时按规定查处，并向上级汇报
	参加事故调查处理，并撰写相关报告
	检验工程竣工验收的组织形式、验收程序以及在验收过程中提供的有关资料和形成的质量评定文件是否符合有关规定，实体质量是否存在严重缺陷
	填写监督工作手册和工作纪实手册，并按时提交工作总结
	领导交办的其他工作

根据质量监督员的工作范围，管理者将其工作做了进一步流程化处理，见图4－17。

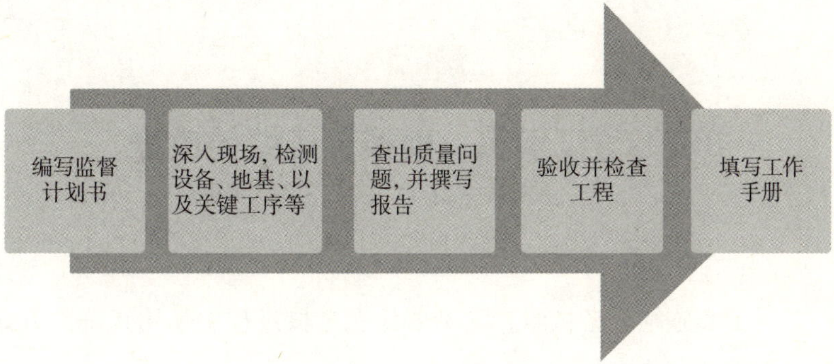

图4－17　质量监督员的工作标准流程

4.7 BEST 与汉堡包：面谈促进绩效改进

在对员工实施绩效考核时，除了要注意考核过程中使用正确的方式方法，还要用绩效考核的最后一步——面谈来促进员工的绩效改进。

所谓绩效面谈，指的是在绩效评估结果确定之后，管理者与员工针对绩效考评的评估结果，再结合员工自身，进行面对面的交流与讨论，从而指导其如何提高工作绩效。

与员工进行绩效面谈，通常有三个目的：一是检讨过去，建立绩效改善方案；二是把握现在，维持现有绩效；三是展望未来，建立绩效发展计划。

高效的绩效面谈能够巩固绩效考核的结果，并为之后的工作提供有力的参考依据。一般来说，管理者可以采用 BEST 法则与汉堡包原理，来保证绩效面谈发挥其应有的作用。

4.7.1 BEST 法则

BEST 法则又叫“刹车”原理，是指管理者指出问题所在，描述问题所带来的后果，且在征询员工的想法的时候，不要随意打断员工，而是要适时“刹车”。然后，以聆听者的姿态，听取员工的想法，让员工充分发表自己的见解，发挥员工的积极性，鼓励员工自己寻求解决办法。最后，管理者再做点评总结。

BEST 法则具体包含以下四个步骤，见图 4 - 18。

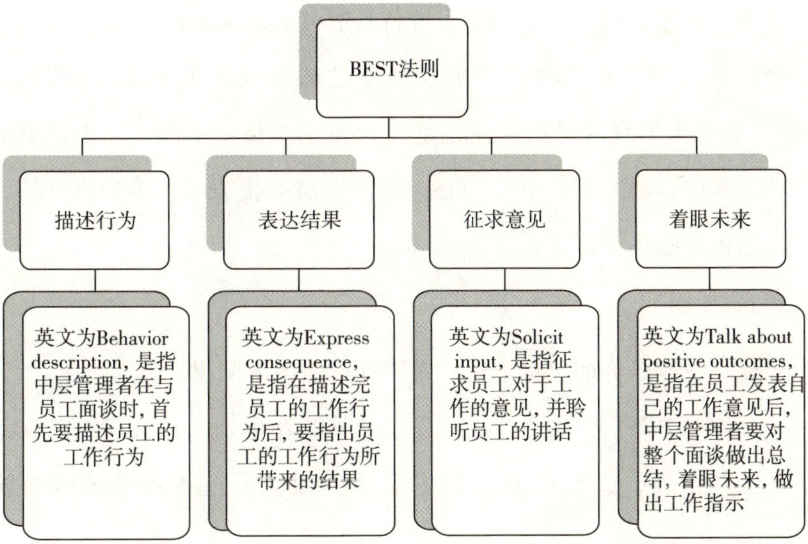

图 4 - 18　BEST 法则

李林在一家物流公司任财务部的中层。一次，财务部的一名会计小刘由于疏忽，将财务报表中的一个数据填写错误，给公司带来了巨大的经济损失。而在绩效考核中，这名员工的绩效也非常低。在绩效考核结束后，李林与这名员工进行了绩效面谈。

在与这名员工进行面谈时，李林就运用了 BEST 法则。其面谈的具体步骤如下：

1. B：描述行为

小刘，7 月 31 日，你制作的财务报表中，有一个数据错了。这已经是你第二次犯同样的错误了。

2. E：表达结果

由于你的工作失误，使公司遭受了巨大的经济损失。这不仅会影响你的工作业绩，还会影响整个公司的工作运营。

3. S：征求意见

小刘，你怎么看待这个问题？准备采取什么措施改进？

通过与主管李林的谈话，小刘对自己的失误有了更加深刻的认识：“主管，我认为出现这样的错误，是因为我在工作中不细心、不认真。在今后的工作中，我一定会更加细心，在制作财务报表时，多检查几遍，一定不会再出现数据错误了。”

4. T：着眼未来

很好，我同意你的改进意见，希望在以后的时间里，你能做到。

通过运用 BEST 法则的面谈方式，李林既让小刘认识到了自己在工作中失误的严重性，又让小刘找到了解决办法，真正达到了绩效面谈的要求。

4.7.2 Hamburger Approach，汉堡包原理

汉堡包原理，是指按照鼓励、指出问题、肯定支持的步骤进行绩效面谈的方式。

汉堡包原理应用在绩效面谈的过程中，主要分为三个步骤，见图 4－19。

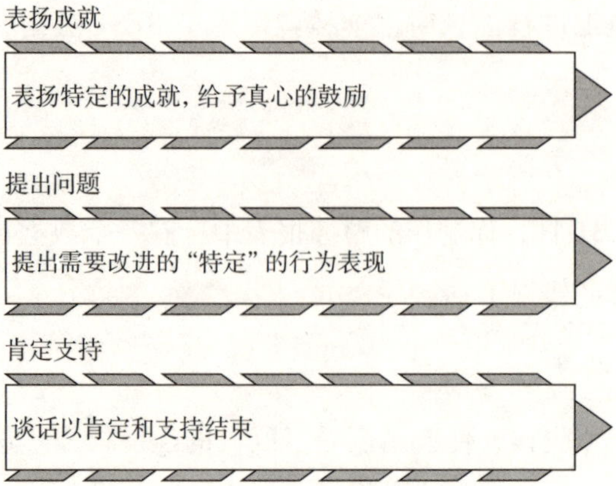

图 4－19　汉堡包原理的谈话步骤

一个汉堡可以卖到十几元钱，而去掉中间的食材，就只剩下上下两片面包片。如果单独去卖一个面包，顶多卖几元钱。所以说，最有价值的还是中间部分。汉堡包原理就是基于这样的道理提醒管理者，绩效面谈的作用在于帮助员工改善绩效，而不是抓住员工的错误和不足不放。因此，表扬员工的优点，指出员工的不足，然后加以肯定和鼓励，才是最佳的面谈路线。

所以，在与员工进行绩效面谈时，管理者要做的就是找出其工作中存在的不足，并针对这些不足找出具体的解决办法。

张磊是一家培训公司的中层。在与培训部的员工小赵进行绩效面谈时，张磊就运用了汉堡包原理。其具体的谈话内容如下：

张磊："小赵，在上个月的绩效考核中，你在编制培训计划、组织具体的培训工作以及整理培训档案等方面，都做得非常不错。不但按时保质地完成了既定的考核标准，还针对实际的培训需求做出了一定的创新。比如，你关于XX工作的XXX建议，就起到了非常明显的效果，对咱们公司的培训工作起了很大的帮助作用。你这样的表现，非常值得在员工之间推广、提倡。这些都是你在工作中表现比较好的方面，在今后的工作中需要继续保持。除此之外，我在你的考核结果中，也发现了一些问题。比如对于培训效果的评估，一直是我们公司培训工作的重点、难点，一直都做得不太好。在你的工作中，同样存在着这方面的问题。比如很多培训工作完成后都没有做效果评估。有的工作即使做了效果评估，评估内容也都停留在表面，没有真正深入地评估。这不但不利于对培训工作做总结，而且不利于提升员工的工作能力与素质。针对这一问题，你有什么看法？"

小赵："针对这个问题，我觉得可以通过XX、XX、XX这几个方面综合评估培训效果。这样评估出的效果更加全面，也更加具有代表性。"

张磊："嗯，你这个办法听起来不错，我也非常同意。这可以列入你的工作改进计划中。”

通过这样的面谈方式，张磊既对小赵之前的工作给予了肯定，又针对其工作中出现的问题找到了解决的方法，并有效促进了其工作能力的提升。

第5章 汇报工作讲结果

做管理，拼的不光是硬实力，很多时候还要拼表现力。向上汇报只占工作量的20%，却决定了80%的工作效率和工作成果，也决定了上级对你80%的满意度。所以，汇报本身就是工作的一部分，它不是形式，而是实实在在的内容，是地地道道的正经事。可以说，汇报工作讲结果，是这一项工作的核心要义。

5.1

汇报工作有原则

汇报工作是管理者的日常工作之一。

对于公司上级领导做出的工作决策，管理者不仅要保证工作的有效实施，还要对于工作的具体完成情况及时向上级领导做工作汇报，让其能够了解工作的具体完成情况，并对下一步的工作进行安排。

此外，汇报工作，不是单纯地将工作告知给上级领导，而是需要遵循一定的汇报原则，从而让工作汇报更加有成效。

5.1.1 汇报工作重时效

重时效，就是指在向上级汇报工作时，要做到及时。在实际工作中，很多重大的事项或是紧急的状况，管理者无权做出最终决策，就要及时向上级领导汇报。如果工作汇报得不及时，就很有可能延误工作进程，给企业造成不可挽回的损失。

通常，需要及时向上级领导汇报的工作，主要包括以下几种，见图5－1。

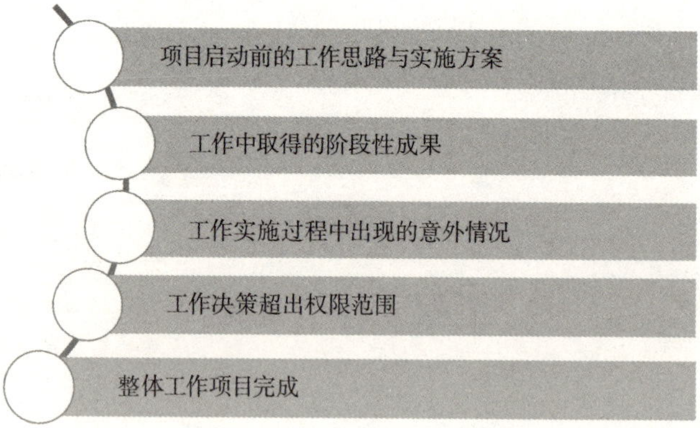

图5-1 需要及时向上级领导汇报的工作

1. 及时汇报项目启动前的工作思路与实施方案

在工作项目启动之前，管理者要就项目具体的工作思路与实施方案向上级领导汇报。经过领导的审核批准，并根据其提出的意见，然后进行具体实施。切记擅作主张很有可能吃力不讨好。

2. 及时汇报工作中取得的阶段性成果

对于工作中取得的阶段性成果，虽不用事事都向领导汇报，但对于工作中的关节点，以及取得的阶段性成果，有必要向上级领导汇报，从而让其能够掌握工作的进展情况。

3. 及时汇报工作实施过程中出现的意外情况

在工作的实际实施过程中，有可能发生各种意外的情况。对于影响较大的问题，管理者要及时向上级领导汇报，并提出相应的解决办法，及时解决问题。切记：因为怕担责任而“捂着”问题不上报，一旦错过解决问题的最佳时机，不仅会给公司造成巨大损失，还会影响自己的工作业绩。

4. 工作决策超出权限范围及时汇报

任何领导都不喜欢擅作主张、越级越权的下属。在面对一项超出权限范围的工作，即使认为自己完全可以去做，管理者也要及时向上级领导汇报，并提出相应的解决办法。

5. 整体工作项目完成及时汇报

对于一项工作，领导最关心的莫过于工作成果。当一项工作全部完成后，管理者要将工作取得的成绩、工作中存在的问题与不足，工作经验全部总结汇报给上级领导，让其清晰地了解工作中的具体情况。

5.1.2 汇报工作有层次

汇报工作有层次，就是说汇报工作时要详略得当，切忌眉毛胡子一把抓。很多管理者在做工作汇报时，没有层次，可能说了好几件事，却连一件事都没说清楚。这不仅不能让上级领导听懂你的工作汇报，还会让领导怀疑你的工作能力与表达能力。

因此，在向上级领导汇报工作时，一定要注意主次分明。不能以点带面，过于简单；不能面面俱到，使领导找不到重点。要做到该详细的详细，该省略的省略，才能让你的工作汇报看起来既简洁又全面。

通常，做工作汇报有些内容一定要详细解释，而有些内容则可以一笔带过。

1. 汇报工作需要详细解释的内容

工作中取得的成绩、最新进展、工作中总结经验以及即将展开的新工作需要在汇报工作时做详细汇报。

2. 汇报工作可以一笔带过的内容

对于工作项目的具体实施过程、跑办工作则可以适当略写，甚至省略。

5.1.3 汇报工作要真实

一些管理者在向上级领导汇报工作时，经常报喜不报忧，掩盖真实的问题，一味夸大自己的工作业绩。这样的工作方式，非常不利于自己和公司的长远发展。因为向上级领导汇报工作，一方面是要让领导对工作的实际进展有整体的把握，另一方面要向上级领导提供工作中的信息与数据，以便领导参考数据对下一步的工作做出决策。

因此，在向上级领导汇报工作时，一定要做到实事求是，提供真实的工作情况。否则，上级领导就极有可能因参考错误的信息而做出错误的判断。

汇报工作要实事求是，就要做到以下两点：

1. 实事求是地总结工作经验

在做工作总结时，要实事求是地总结工作经验，肯定取得的成绩、正视出现的问题。

2. 客观看待问题，找原因、找方法

汇报工作要客观地看待出现的问题，找出原因，并找到相关的解决措施。

5.1.4 汇报工作要提建议

管理者不能将工作汇报看成是一次提问题的机会。要知道，没有一个上级领导喜欢给自己“添麻烦”的下属，他们都喜欢给自己“解决麻烦”的下属。所以，在汇报工作时，要在提出问题后，将自己的解决方案一并奉上。

要做到汇报工作时能提出有效建议，可以参考以下方法。

1. 汇报之前做可行性方案

在向上级领导汇报工作之前，应该就汇报的问题做深入地了解，并制定相关的可行性方案。汇报工作中，当上级领导询问你的意见或想法时，就可以将之前做好的方案提交上去。

2. 方案要“中用”

如果制定的方案只是“中听不中用”，不但不能得到上级领导的赏识，还会让领导对你的工作能力产生怀疑。所以，在汇报时，一定要将所汇报的问题“吃透”，并针对实际需求制定出可行的工作方案。

5.2

麦肯锡30秒电梯理论，实现高效汇报

“麦肯锡30秒电梯理论”讲述的是麦肯锡公司曾经经历过的一次沉痛的教训。有一次，麦肯锡的项目负责人乘坐电梯离开时，遇见了刚做完咨询的一家公司的董事长。这位董事长问麦肯锡的项目负责人：“你能不能说一下现在的结果?”该负责人瞬间愣住了，没有任何心理准备，再加上电梯从30层到1层只有短短的30秒时间，无论如何该负责人都不能把结果说清楚。也因为这样，麦肯锡失去了这个重要的客户。

这一事件发生后，麦肯锡就对员工下达要求：凡事都要在最短的时间内把结果表达清楚，说明或汇报时要直奔主题、直奔结果。此外，麦肯锡还要求员工在汇报工作的时候凡事要归纳在3条以内，他认为，一般情况下人们最多记得住3条。后来，这就成为了现如今商界内广为流传的“30秒钟电梯理论”。

麦肯锡30秒电梯理论，对管理者汇报工作是非常适用的。

5.2.1　开头就要有吸引力

在汇报工作中，要明确一点——语出惊人，因为良好的开端等于成功的一半。开头一定要吸引上司的注意力，主题突出，把握重点。

在工作中，相信大家都经常会听到领导的不少报怨，本来领导只想了

解一下你手头的工作，但是你却汇报了诸多方面的情况，唯恐领导对你的工作了解得少。这很容易造成汇报没有任何的主题，散乱异常，虽然你始终言之凿凿，但领导可能听得云里雾里。

因此，在汇报工作时，一开口就要有吸引力且要主题突出，抓住重点汇报。另外，汇报工作要客观准确，绝对不能凭空捏造，更不能主观臆测，而是要以事实说话。

5.2.2 简要汇报主要内容

向上级领导汇报工作时，要学会用精练的语言概括来龙去脉，让其在最短的时间内对所汇报的事宜有一个大致了解。因为领导通常都很忙，没时间，也没精力去听你事无巨细地汇报整件事情的来龙去脉。

举个简单的例子，如果你负责的是文书处理，那么上级领导想要知道的是打印的文件在几分钟之内能送到自己手里。而不是听你说，文件目前没打出来是因为墨盒用完了，新墨盒没及时换上是因为采购部还没购买……

因此，在汇报过程中，管理者要简明扼要地汇报工作内容。而当你汇报完主要内容后，还要向上级领导进一步汇报需要注意的关键环节和具体细节，如完成时限、具体标准，等等，这样能够进一步加深领导的认识和理解，也能使汇报做到环环相连、丝丝相扣。

5.2.3 归纳要紧凑，最好不要超过三条

麦肯锡30秒电梯理论最重要的一点启示，就是要求企业中的每一个成员都要具有非常优秀的总结和归纳能力，这样才能够在短时间内清晰完整地表达出自己的意见和看法。如果企业中的每一个管理者都具备这样的工作能力，那么企业的管理层之间的沟通将会畅通无阻，工作执行效率也会

提高很多。

具体可体现为以下三个方面：

一是减少中间环节，提高管理部门的执行效率。

汇报中紧凑的归纳能够缩短汇报流程，部门管理时间也会随之减少。试想一下，如果你能在30秒内完成汇报，那么部门与部门间的汇报时间也会大大减少，从而提高了执行效率。

二是缩短业务时间，提高一线销售部门的执行效率。

比如说，你原本需要用一天的时间谈下一个客户，现在只用30秒的时间就能够完成的话，那你在企业工作时间上所创造的工作效率就会得到相应提高，企业效率也会随之大增。

三是企业的发展速度会比同类企业快很多。

如果企业中的员工都能严格遵守麦肯锡30秒电梯理论，员工的工作效率就会得到明显的提升，而企业整体的发展速度与同类企业相比，也会快很多。

上级领导也有自己的工作，他没有那么多的时间听下属讲述自己的工作是如何如何辛苦，如何如何历经艰难才完成，而是只想知道结果。所以，在汇报工作的时候，要懂得运用麦肯锡30秒电梯理论，简单干脆、直截了当地汇报。

5.3

四象限法，按轻重缓急分类

公司的高层领导往往需要高屋建瓴，处理众多关系企业整体发展的重要工作。所以，中层管理者在向上级汇报工作时，要学会分清各项工作的轻重缓急，然后按照工作的轻重缓急进行简要汇报，且要做到既简洁，又全面。这样，不仅能够节省汇报时间，还能让工作更加有条理。

根据四象限法（见图5－2）可以将工作的轻重缓急分为四类。在向上级领导汇报工作时，只需根据工作的具体性质，按照不同的分类对号入座即可。

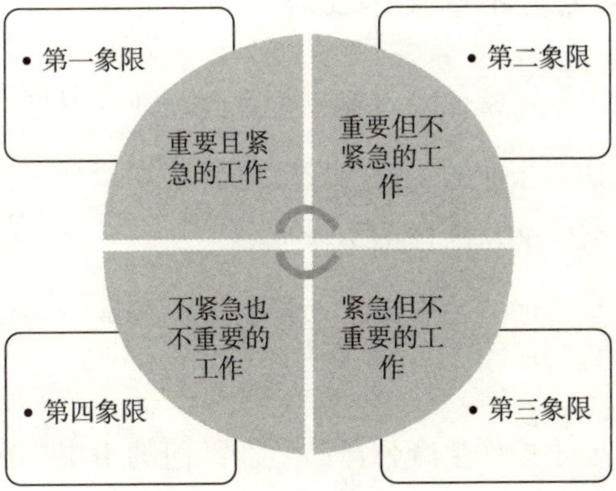

图5－2 四象限法

5.3.1 重要且紧急的工作

这类工作既重要，时间方面又非常紧迫。在向上级汇报工作时，应把这类工作放在第一位。如马上要与客户签约、可能会影响公司整体发展的突发性事件等。这类工作如果不能在限定的时间内完成，就会对公司的利益造成极大的损害。

王先生是某家著名公司的中层。一次，公司的一个重要客户由于个人原因，要将本来约好的签约时间提前。

如果这次不能和客户签约，公司损失将上千万元。为此，王先生在向上级领导汇报工作时，首先汇报了这一事件。

上级领导听完汇报后，马上着手处理与客户签约的事务。最终，双方在当天下午完成了签约。对于王先生汇报工作的“轻重缓急”，上级领导也给予了称赞，还说：“小王，多亏你及时向我汇报客户要求提前签约这一情况，才保住了这个大客户，让公司避免了损失。”

5.3.2 重要但不紧急的工作

这一象限的工作通常比较重要，关系到企业的发展，但是又不像第一象限那样紧急。如对企业的工作与发展进行长期规划、为重要会议上的发言做准备，以及员工的技能培训工作等。

在向上级汇报工作时，可以将这类的工作放在第一象限既重要又紧迫的事件之后。

张强是一家电子零件生产公司的生产部门的中层。在向上级汇报工作时，张强就将员工的培训工作放在了第二位。在向上级领导汇报完特别重要且紧急的工作后，张强就员工的培训工作向上级领导做了汇报，包括参与培训的员工名单、培训工作的具体内容、培训目标以及培训周期等。

这样的做法，会让上级领导听得更加清晰，也会认为你汇报工作有条理，且处理起问题来更加有针对性。

5.3.3 紧急但不重要的工作

一个公司在日常的运营中，除了关系到企业发展的紧急事务，还有很多工作相对来说没有那么紧急。如员工电脑的换新、节假日的礼品等。

因此，向上级领导汇报工作时，在汇报完重要且紧急的工作、重要但不紧急的工作后，就要汇报那些不重要但是较为紧急的工作了。

李女士是一家公司的人力资源部门的中层管理者。一次，人力资源部门的两名员工由于个人原因，在办公室内争吵，甚至动了手。他们不仅破坏了公司的纪律，还影响了其他员工的工作。这个事情虽然不会对公司产生大的影响，但是需要马上处理。

李女士在处理完这一事件后，在向上级领导汇报工作时，首先汇报了那些重要且紧急的工作以及重要但不紧急的工作。汇报完这些工作后，李女士才开始汇报员工争吵的事情。

这样的汇报方式，不仅让上级领导明确哪些事情应该优先处理，还让李女士的工作汇报显得很有条理。

5.3.4 不紧急也不重要的工作

如上文所提到的，相对来说不那么重要的工作，又分为紧急与不紧急。管理者在向上级领导汇报工作时，对于那些既不紧急也不重要的工作，要放在最后汇报。这类工作没有急需处理，也不会对公司的发展产生重大影响。此外，将这类工作放在最后汇报，上级领导可以自由选择处理的时间，将宝贵的工作时间用在其他事务上。

赵先生是一家公司的中层。在向上级领导汇报工作时，赵先生就严格按照四象限的处理方法，将所要汇报的所有工作按照轻重缓急排列后，才向上级领导汇报。

如在一次工作汇报中，赵先生把员工电脑置换这一项既不紧急也不重要的工作放在了汇报内容的最后。公司员工换新电脑，不会对公司的运营产生重大的影响；即使不换新电脑，旧的电脑还可以继续使用，所以这项工作既不重要，也不紧急。

而将其放在工作汇报的最后，上级领导可以优先处理相对重要、紧急的工作，也不会由于分不清轻重缓急而错过了处理重要工作的时机。

5.4

借“一周工作节律图”，找准汇报时机

约翰是一家贸易公司的中层。一次，竞争对手公开拉拢公司的一个重要客户，想要与公司展开恶性竞争。发现这一情况后，约翰马上去找上级领导汇报。但是，此时的上级领导正因商品丢失的事情而焦头烂额。约翰到办公室跟领导说了没两句，就被其劈头盖脸地骂了一通。被训斥后的约翰非常委屈，自己明明没有做错事，却被领导骂了。

其实，约翰汇报工作没有错，错在他汇报工作的时机不对。上级领导已经处于焦头烂额的状态，在看到约翰又来给自己“添堵”时，自然会怒火中烧，牵连到约翰。

由约翰汇报工作这件事，可以看出，在向领导汇报工作时要抓准汇报时机，才能让领导欣然接受你的汇报。那么，如何才能抓住汇报时机呢？可通过“一周工作节律图”来完成。

“一周工作节律图”是由加拿大的心理学家、麦吉尔大学教授德比·莫斯考维茨绘制出的。其曾经针对人们在一周之内的行为规律做了深入的研究，并得出结论：人的一周是有规律性的。周一到周五，工作节律大不相同，一周的前半部，人的精力旺盛，态度和行为比较激进；一周的后半部，人的精力逐渐下降，却也更易通融。

5.4.1 周一：工作成堆，减少汇报

一项调查显示，大约有42%的职场人士不希望自己在周一被告知有新的工作。由于周六、周日两天休息，堆积了大量的工作。周一处理这些堆积成山的工作已经让人忙不过来，所以完全没有心情展开新的工作。

公司的高层领导也是同样的情况，很有可能正在为之前堆积的工作而忙得焦头烂额。如果选择周一向上级领导汇报工作，只会让上级领导变得更加头大，不仅不会听进去你的工作汇报，反而会由于烦躁而朝你发泄怒火。

所以，向上级领导汇报工作尽量不要选择周一。“黑色星期一”工作成堆，汇报工作不成反而容易招来斥责。

5.4.2 周二：渐入佳境，汇报好时机

领导通过周一的奋战，一般会将之前堆积的工作梳理清楚。熬过了最复杂的阶段，领导在周二心情基本上已经得到一定程度的放松。所以，周二的时候，领导开始有时间、有心情考虑本周的工作计划，也开始想要听取之前安排的工作的完成情况。“一周工作节律图”中显示，每周二是一周之内职场工作人员主导性最高的一天。在这一天中，其工作效率最高，工作产出也最大。

所以，在向上级领导汇报工作时，可以选择周二。并且，英国的《金融时报》曾就人一天中头脑最活跃的时间段进行了调查。调查结果显示，一天之中，人脑在上午十点到中午这段时间最为活跃。

综上所述，在向上级领导汇报工作时，周二的上午十点至中午，是汇报工作的好时机。

5.4.3 周三：头脑风暴，心情焦虑

周三为一周工作日的中间一天，具有承上启下的作用。通常，领导在周三接受的各类工作信息相比周一、周二陡然增多。为此，领导在周三通常容易出现焦虑的心情。并且，由于需要处理的工作增多，领导在周三通常都会感到疲惫。

但是，相关研究表明，虽然职场人员周三会由于需要处理的工作信息增多而变得疲惫和焦虑，但是周三却是职场人员一周之内思维最为活跃的一天。这一天中，职场人员的精力非常旺盛，非常适合做创造性的工作。很多企业领导者都会选择在周三制定企业的发展战略，做决策。

由此可以看出，选择在周三向上级领导汇报工作会有一定的风险，且很有可能由于汇报的工作过于繁杂而引起上级领导的反感。所以，若非必要，管理者尽量不要选择周三向领导汇报工作。即使要汇报工作，所汇报的工作最好是逻辑清晰的工作，避免针对烦琐的工作向领导做工作总结。

5.4.4 周四：效率低下，顺从明显

经过前三天的忙碌，大量的工作精力已经被消耗。所以，职场人员在周四都会出现工作效率降低的情况。公司领导也不例外，由于前三天的连续奋战，精力已经所剩无几，所以周四就会出现工作效率低下的情况。公司领导通常不会选择在周四做重大的工作决策。

但是，由于周四距离休息日很近，这时，领导都会期待周末的来临，人的顺从性会增加。所以，领导在周四都会变得比较好说话，工作上也比较通融。

综合以上观点，可以看出，如果要选择周四向上级领导汇报工作，可以采用“敌退我进”的战术。这时汇报工作，提出要求，领导妥协的可能

性会大大增加。

5.4.5 周五：心情最佳，时机最佳

周五是一周工作日中的最后一天。由于完成一天的工作后，就可以结束紧张的工作，获得两天的休息放松时间，所以，周五都是职场人员心情最好的一天。公司的领导也不例外，在周五，领导通常更加乐于和下属沟通，而此时汇报工作的效果也会比较好。

所以，如果要向上级领导汇报工作，周五不失为一个最佳的时机。

通过“一周工作节律图”，可以发现：一周之内，周二和周五相比其他几天，更适合向领导汇报工作。并且，由于早上十点左右，领导刚刚处理完比较紧急的工作，有闲暇时间听工作汇报。所以，向上级领导汇报工作的最佳时机为每周二或是周五的上午十点至中午。

5.5

针对不同的领导，采用不同的汇报方式

在向上级领导汇报工作时，中层管理者常常会思考一个问题：应该用什么样的方式向领导汇报工作，才能让其既能听得清楚，又能听得高兴。

不同性格的领导，对一件工作的态度也不同，想要知道的重点也不同。所以，不同的领导适用的汇报方式不同。

由此可以得知，向领导汇报工作，没有一个统一的最佳汇报方式，只有最适合领导的汇报方式。只有这样，才能真正让领导听得懂你的工作汇报，也能听得高兴。

5.5.1 结果导向型领导：2W1H 汇报方式

结果导向型领导一般比较注重下属工作的结果，而不是工作的过程。在向这一类型的领导汇报工作时，就要着重汇报工作的结果，过程相对可以省略或是简明扼要地点到为止。具体的汇报方式可以采用2W1H，见图5－3。

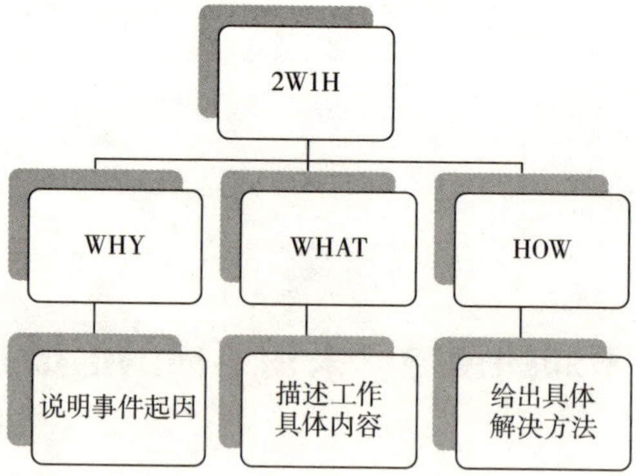

图 5－3　2W1H 汇报方式

1. Why

表示起因。向领导汇报工作时，首先要说明事件的起因是什么。只有说明事情的起因，领导才能对你所汇报的工作事件有一个大致的了解。如果你连事件的起因都不了解，领导就很有可能听得一头雾水。

2. What

表示内容。说明事件的起因后，要向领导详细描述工作的具体内容。这一部分是做工作汇报的重要部分。在叙述事件的具体内容时，要注意一定的逻辑顺序，且有条理地表达所要表达的内容。

3. How

表示方法。完整描述工作内容后，要点明解决这一问题的具体方法。

2W1H 的工作汇报方式非常简洁，除了必要的工作描述外，直接点明工作的方案，非常适合结果导向型的领导。

某个中层管理者的上级领导就属于结果导向型领导。在汇报工作时，中层管理者没有针对领导的类型选择汇报方式，他认为，只有把工作的方方面面描述全面才是最好的汇报方式。

一次，在针对生产设备的汇报中，这名中层管理者从生产设备有什么问题、生产的产品质量下降以及生产设备有噪音等多个方面向领导做了汇报。结果，还没等他说完，领导已经不耐烦地说："你到底想说什么？直接说结果！"

这就是没有找到适合领导的汇报方式的结果。随后，这名中层管理者改变了汇报方式，采用2W1H的汇报方式，对领导说："由于我们的生产设备过于陈旧，使得产品的产量以及质量都有很大程度的下降。为此，我建议更换一批全新的设备。关于备选的几种生产设备类型我已经做了对比，您看一下。"

领导听完工作汇报后，感觉既简洁又清楚，十分满意，还要求其以后汇报工作就按照这样的方式。

5.5.2 事必躬亲型领导：4W1H汇报方式

与结果导向型领导注重工作结果不同，事必躬亲型领导除了注重工作的结果，对于工作的过程也非常关心。对于这样的领导，如果仍采用2W1H的汇报方式，就会容易让领导产生听不明白、汇报不够详细的印象。

小张是某家新媒体公司的中层。公司刚来三个月的实习生面临转正的问题。在对这三个实习生进行了三个月的考核后，小张发现这三个实习生表现都不太好：一个实习生在统计数据的时候出现了严重的问题，给公司造成了巨大的损失；另外两个实习生则喜欢在办公室搬弄是非，严重影响了办公室的工作秩序。为此，小张决定对这三名实习生都不予转正。

针对这一问题向上级领导作汇报时，为了使汇报看起来更加简洁，小张只说明了工作的结果："由于三个实习生在实习期间的表现都不太好，且给公司造成了不良的影响，所以我建议对这三名实习生都不予转正。"

听完小张的汇报，属于事必躬亲型的领导觉得小张汇报工作不全面，随即问小张："你说他们表现不好，给公司造成了不好的影响，你得告诉我具体发生的事情，我才好判断啊。”

针对这样的领导，最适合的汇报方式为4W1H，见图5-4。

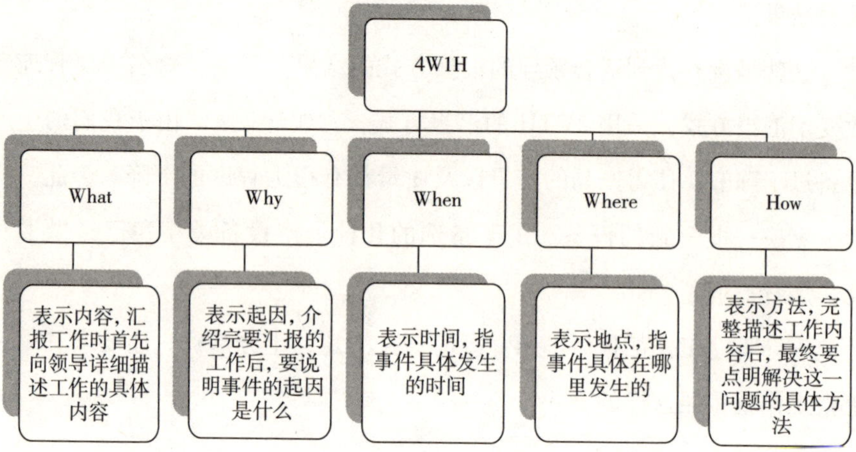

图5-4 4W1H汇报方式

通过说明4W1H，能够让领导详细地了解整个事件的内容。

如小张的汇报方式可以改为：“领导，关于公司三个实习生转正的问题我向您汇报一下，三个实习生在实习期间表现都不太好，其中一个实习生在上个月3号所做的报表中，由于一个数据出现了错误，使公司损失了一个重要客户；而另外两个实习生则由于搬弄是非严重影响了工作秩序。所以，我建议对这三个实习生都不予以转正。”

事必躬亲型的领导听到这样详细的工作汇报，才会感觉其工作汇报得很全面。

5.5.3 条理控制型领导：STAR汇报方式

条理控制型领导在听工作汇报时，不是只听工作结果，也不是要听整个事件的前因后果，而是要充分了解整个工作过程，如工作的背景、具体工作、工作方式以及工作效果等方面。向这样的领导做工作汇报，就要使用 STAR 汇报方式，见图 5－5。

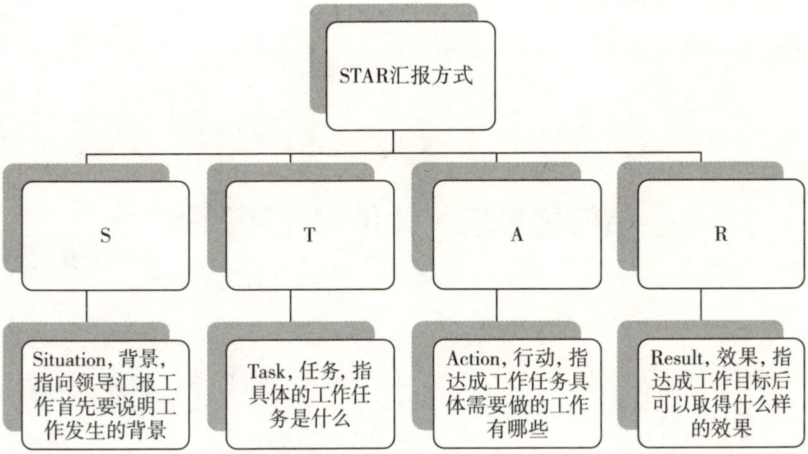

图 5－5　STAR 汇报方式

如就员工培训工作向领导做工作汇报时，可以利用 STAR 汇报方式做这样的表述：“由于生产要求的不断提高，以及生产技术的不断革新，决定对企业的生产人员做一次统一的技术培训。通过聘请专业人士来企业讲课，让生产人员接触并学习一些新的技术知识。这样，生产人员的生产能力就会有很大提升，企业生产的产品的质量和生产效率也会增强。”

当听到这样的汇报，领导一定会觉得你的汇报条理清晰，且有理有据，从而立即同意。

5.6 结构化思维，让汇报环环相扣

不少管理者在工作中，都会有这样的困惑：做这个汇报，我明明花了很多的时间和精力，且感觉这份工作汇报已经做得很好了，为什么最后还是被领导批评了？

其实，这并不一定是你的工作汇报做得不好，而是你在表达逻辑上出现了问题。表达逻辑不清楚，上级领导在听你汇报工作时就会听得一头雾水。所以，在向上级领导做工作汇报时，要注意表达的逻辑。如：树立结构化思维，让汇报环环相扣。逻辑清楚了，上级领导自然能够听清楚，而你的工作汇报才有成效。

所谓结构化思维，是指一个人在面对工作任务时能够考虑多个方面，深刻分析出现问题的原因，并制定出相应的解决方案。掌握结构化思维，就能在汇报工作时保持逻辑清晰、重点突出，还能获得上级领导的赏识。

5.6.1 结论先行原则

做工作汇报，通常一篇报告只有一个主题思想就够了，并且在报告开篇就要点明报告的主题思想，将工作汇报的结论最先表明，也是结构化思维中的结论先行原则。

遵循结论先行的原则，还要注意工作汇报中所说的结论一定要有实质意义，既简洁又鲜明，不能空洞、泛泛而谈。

李莉是一家著名的外资企业的中层。一开始，李莉对于怎样向上级领导做工作汇报并不清楚，所以在汇报工作时受到了领导的批评。一次，李莉就生产设备的更新问题向上级领导汇报工作时，并没有先说明自己的汇报工作结论，只是说在生产设备换新的过程中，新的生产设备的供应商签约出现了问题，以及目前有几家备选的供应商。李莉说了一大堆，上级领导却不知道李莉到底想表达什么，于是就对李莉说："你到底想说什么，我没时间听你没有逻辑的汇报。你先出去吧，等你想好了再来向我汇报。"

被领导批评后，李莉认真反思自己在汇报工作中的问题。她发现，自己在汇报工作一开始没有先把结论说出来，导致领导在听自己的工作汇报时没有一个具体的方向，所以才会感觉一头雾水。

总结问题后，李莉再次向上级领导就生产设备更新的问题作了工作汇报。与上次汇报不同的是，这次李莉在汇报工作时，首先说明了工作汇报的结论。李莉说："领导，上次我们所决定的生产设备更新，预计比之前规定的时间要推迟10~15天。之所以出现这样的情况，是因为之前确定的生产设备供应商在签约的过程中出现了一些问题，导致合约无法签订。目前，我们还有三家备选供应商，需要在这三家备选供应商中进行选择。"通过这样的汇报方式，领导首先明确了李莉这次进行工作汇报的主题，再听具体原因就会更加清晰。经过调整工作汇报的结构，让结论先行，李莉也改变了上级领导对自己的态度。

5.6.2 上下对应原则

所谓上下对应原则，是指在进行工作汇报的过程中，在报告的结论与分论点的论述过程中，上一层次的思想必须是下一层次思想的概括，下一层次的思想必须是上一级层次的解释。通过上下对应，工作汇报会显得更加有层次，上级领导在听汇报时也能听得更清楚。

刘青是一家奶制品企业的中层。在就牛奶的销量向上级领导作汇报时，刘青非常注意工作汇报中的上下对应。如有一次，刘青汇报上一季度的牛奶销售情况时说："领导，咱们公司上一季度的牛奶销量出现了逐步下滑的趋势。之所以出现这样的情况，主要是牛奶本身出现了问题。由于牛奶加工设备过于陈旧，导致牛奶出现了发苦的问题。也正是由于这个问题，牛奶的销量逐步下滑。"

可见，刘青的工作汇报严格遵循了上下对应的原则。第一句为汇报的结论，第二句为对于结论的解释，第三句则为第二句牛奶出现问题的原因的解释。整个汇报看起来结构非常严谨，逻辑非常清晰，而领导也能够清晰、准确地获取到工作汇报所传达出的信息。

5.6.3 分类清楚原则

所谓分类清楚原则，要求在工作汇报中，不同的工作要分门别类，相互区别，避免重复或者遗漏。并且，同一事件中所涉及到的思想必须属于同一个范畴，且要表述全面、到位。

张玲是采购部门的中层。在向上级领导做工作汇报时，张玲就非常注意将要汇报的不同工作分清楚类别。如有一次，张玲就采购产品的数量以及供应商的问题，向上级领导做工作汇报："领导，要向您汇报增加采购产品的数量以及调换合作供应商两个问题：增加采购产品的数量方面。由于现在生产需求量增加，如果仍然按照之前的采购数量进行采购的话，很有可能出现短缺的问题。所以采购产品的数量要适当地增加；调换合作供应商方面。由于之前合作的供应商提供的产品屡次出现问题，给我们造成了很大的损失。基于这样的原因，我们要调换合作供应商。"

张玲通过对不同性质的工作进行分类汇报，使整个工作汇报显得逻辑清晰。而领导在听汇报的过程中也能听得清楚，不至于由于汇报的工作种类较多而产生混淆。

5.6.4 排列逻辑原则

所谓排列逻辑原则，指的是工作汇报中的各个分论点之间，要按照一定的逻辑顺序进行组织排列，使整个工作汇报看起来条例更加清晰。

如果各个分论点之间不按照一定的顺序排列，整个工作汇报就会显得非常混乱。即使将所有的论点罗列出来，领导在听汇报时也很难听得清。

5.7 用数据说话，汇报更有说服力

很多管理者在向上级领导做工作汇报时，常常用这样的语言表达：工作取得了很大的成绩、工作能力很强、工作效率非常高等。这样的语言表达常常让上级领导听得一头雾水，甚至会让其大声斥责："光说工作取得了多么好的成绩，成绩到底有多好？我从你的报告中衡量不出来!"

因此，在汇报工作时，如果仅仅通过语言表达，内容未免显得过于单薄，所做的汇报会缺少说服力。而数据与那些语言形容词相比，更加的直观、准确，领导可以通过数据直观判断出工作的实际情况。

5.7.1 数据在工作汇报中的重要作用

数据最大的特点就是直观、准确。语言表达通常会根据说话人的主观判断或是个人意愿，将实际的工作情况做出一定程度的夸大或是缩小。而数据则不会骗人，实际的工作情况什么样，都会通过一个个数据直观地表达出来。

相比语言表达，数据会让整个工作报告显得更加具有说服力，在工作汇报中发挥着重要作用，见图 5 -6。

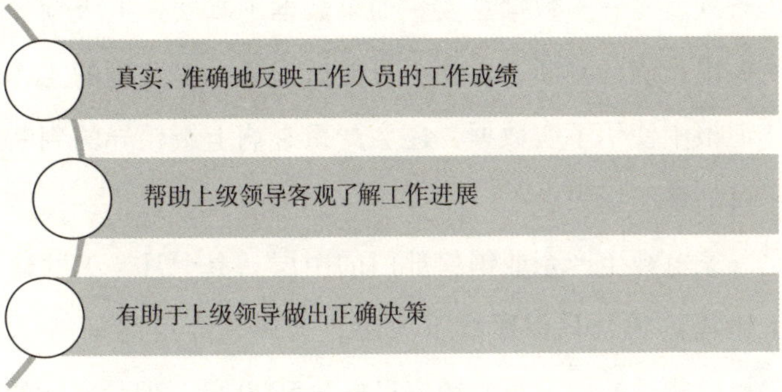

图5-6 数据在工作汇报中的作用

1. 真实、准确地反映工作人员的工作成绩

很多管理者虽然工作能力很强，但是表达能力却一般。常常是工作明明做得很好，却在工作报告中表达不出来，以至于不能让上级领导了解其真实的工作能力。如果将工作成果用数据的形式表现出来，那么管理者在汇报工作时，不需要用过多的语言，同样可以将工作成绩真实、准确地反映出来。

2. 帮助上级领导客观了解工作进展

一些管理者为保住自己的饭碗，在向上级领导汇报工作时报喜不报忧，还过分夸大自己取得的工作成绩，这就导致上级领导不能了解到真实的工作情况。但是，如果将工作成绩用数据的形式展现给领导，不论管理者怎样巧舌如簧，领导都可以通过报告中的数据客观地了解工作进展。

3. 有助于上级领导做出正确决策

如果将工作进度用具体数据的形式表现出来，领导就可以通过数据对整体工作做出准确判断，从而做出进一步的工作决策。

5.7.2 汇报中所用的数据一定要真实

上文点明了数据在工作汇报中的重要作用，而数据能够发挥这些作用的基本前提条件就是——数据真实。如果数据不真实，上级领导就不可能对工作进度做出正确的判断，也就不可能做出进一步正确的工作决策。此外，在工作汇报中使用不实数据，还会严重影响上级领导的判断，甚至给企业造成不可估量的损失。

王丽是一家电视生产企业销售部门的中层。上个月，王丽建议上级领导砍掉线上销售渠道，只保留线下渠道，上级领导最终采纳了王丽的建议。更改销售模式后的一个月，销售目标为5000单，但是实际的出货量只有2000单。王丽害怕上级领导怪罪自己，影响自己的工作。所以，在向领导做工作汇报时，王丽私自修改了销售数据，将数据改为：本月销售目标为5000单，实际出货量6000单。

上级领导听完王丽的工作汇报后，不仅夸赞王丽的工作能力强，还决定之后继续采用现有的销售模式。因此，王丽所在公司连续亏损，产品销量持续下降，给公司造成了巨大的损失。最终，领导发现了王丽的数据造假，并辞退了王丽。

5.7.3 数据表现的具体形式

要想让数据真正在工作汇报中发挥作用，一味地罗列数据是不行的。这样不仅不能表现工作的整体走向，还会由于数据过于繁杂而使人烦躁。

所以，在运用数据时，要将各个数据进行综合分析、整理，并通过一定的形式做直观展现。常用的数据表现形式有表格和图表两种形式。

1. 表格

某家电子生产公司的中层管理者，就近几年公司电脑生产量对上级领导进行汇报时，通过表格的形式，将各项数据进行了展现（见表5-1）。

表 5－1 某电子生产公司汇报表

年份	电子产品生产总量（台）	年增长率（%）	电脑生产总量（台）	年增长率（%）	电脑占电子产品总量的比例（%）
2008 年	1084172		62799		68
2009 年	1040257	－4.1	77867	24	70
2010 年	1093180	5.1	99067	27	85
2011 年	1137536	4	127357	28.6	70
2012 年	1196065	5	156207	22	75
2013 年	1222245	2	170562	9	78
2014 年	1218291	－0.3	171356	0.5	79
2015 年	1216355	－0.2	165634	－3.3	76
2016 年	1211197	－0.4	148686	－10.2	80
2017 年	1189438	－1.8	134488	－9.5	83

由这一表格可以看出，数据通过图表的形式展现，能够同时展现多方面数据，但是不能反映出具体的趋势。

2. 图表

图表具体分为多种形式，不同形式的图表具体的反映方面不同。在制作图表时，可以根据不同的需要，使用不同的图形。

形式一：饼图，见图 5－7。

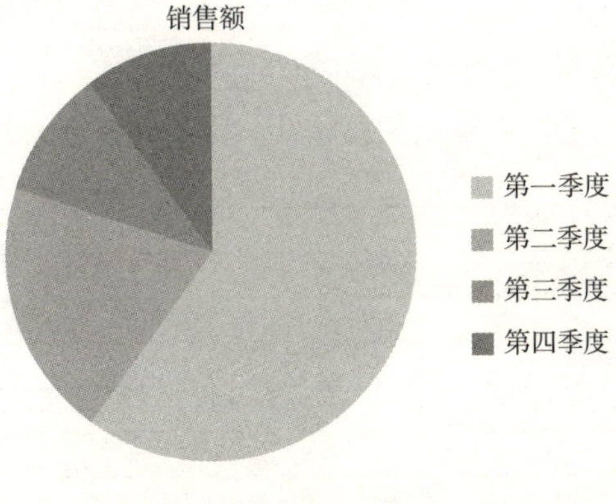

图 5－7 饼图

饼图能够较好地反映出各项数据在总体数据中所占的比例。

形式二：条形图，见图5－8。

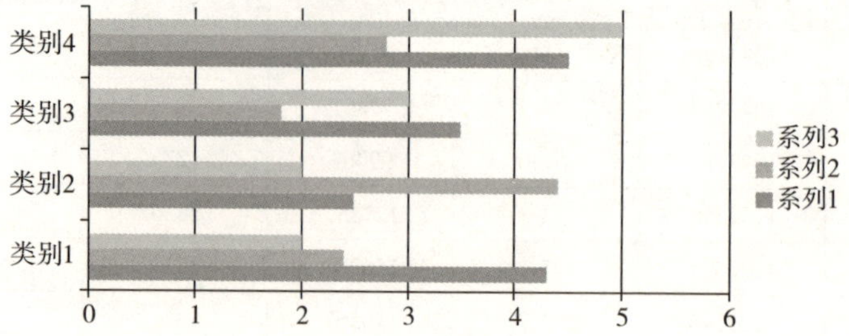

图5－8　条形图

条形图着重反映各个项目之间的比较情况。

形式三：柱形图，见图5－9。

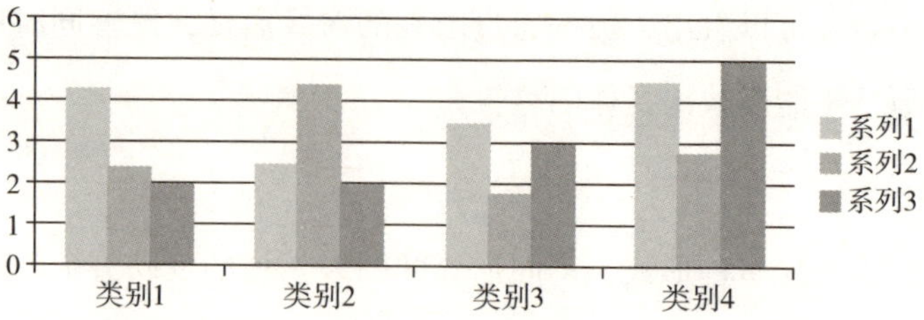

图5－9　柱形图

柱形图就是条形统一图，侧重于显示一段时间内的数据变化或显示各项之间的比较情况。

形式四：折线图，见图5－10。

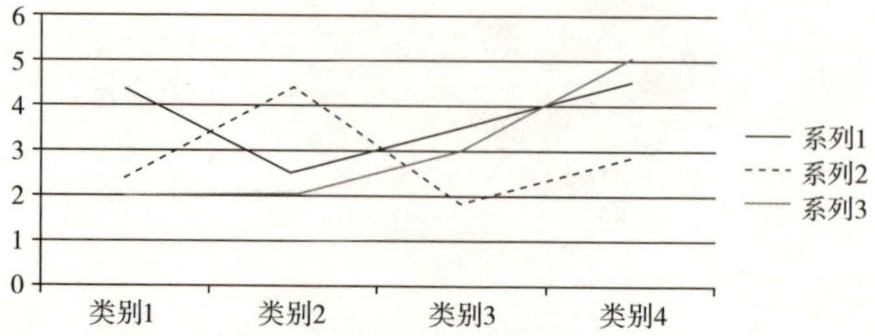

图5－10　折线图

折线图是用直线段将各数据点连接起来而组成的图形，侧重显示数据的整体走势。

形式五：散点图，见图 5 - 11。

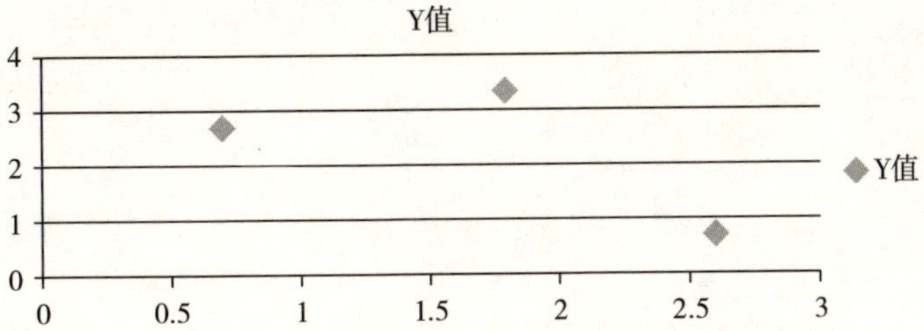

图 5 - 11　散点图

通常用于比较跨类别的聚合数据。散点图中包含的数据越多，比较的效果就越好。

第6章 交接工作讲周全

为保证工作正常运转，管理者转岗或离职时需要做好工作交接。由于工作内容涉及企业运营的方方面面，且大部分工作都环环相扣，所以交接工作讲周全，最好采取书面形式，将之前与现有的工作认真总结，逻辑清晰地告知继任者，确保继任者对工作有序展开，尽快纳入正轨。

6.1

提前准备，总结并制作交接报告

管理者的工作交接涉及所在部门的方方面面。要想工作交接做得好、做得全面，就要提前做准备，将所有的工作进行总结，并以工作交接报告的形式告知继任者。如果不做提前的准备，马上将职责范围内的工作全部细数交给继任者，很可能出现遗漏；即使你能将所有工作全部告知，如果没有将工作总结为交接报告这样的书面形式，继任者对工作就形不成系统的认知，非常不利于之后有序展开工作。

6.1.1 交接工作常见的问题

交接工作对继任者之后工作的有序开展具有非常重要的作用。如果工作交接做得不好，就有可能产生多方面不利的影响。很多管理者在进行工作交接时，不注意交接工作的程序，导致后续工作出现了一系列的麻烦。

周磊是一名生产部门的中层管理者。因为工作调动，周磊需要离职。而在与继任者做交接工作时，周磊因没有与继任者做好交接工作，而给继任者后续的工作带来了诸多不便。

在离职时，周磊认为没有必要按照公司规定的程序做交接工作。如果按照公司的规定，自己既要提前做工作总结，制作工作交接报告，还要花时间、花精力给继任者讲解。这样烦琐的程序会浪费自己很多时间。再者说，即使不制作工作交接报告，继任者在实际的工作中也会慢慢熟悉工作流程。

因此，在做工作交接时，周磊只是口头上将大致的工作范围告诉了继任者，并没有做书面报告。就这样，继任者似懂非懂地上任了。而在之后的工作中，继任者出现了很多问题。

一次，员工询问继任者生产材料是否继续使用之前的品牌，而继任者完全不知道之前使用的是什么品牌，好不好用。所以，继任者只能说："我不太清楚，我先查一下有关资料再告诉你。"对工作不清楚，无疑会大大降低工作效率。

交接工作时，常见的问题主要有以下几种，见图6－1。

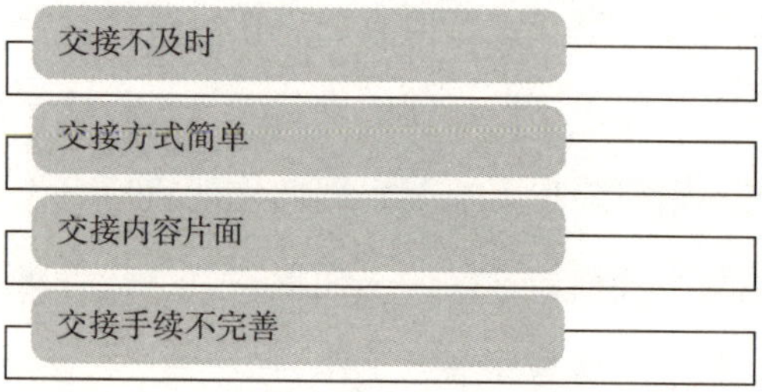

图6－1　交接工作常见的问题

1. 交接不及时

交接工作不及时，主要表现为继任者已经上任却还没有做好工作交接。交接不及时，就会导致继任者不能马上适应工作节奏。

2. 交接方式简单

有些管理者在进行工作交接时，仅仅是交接办公室钥匙、粗略交接工作情况。没有针对工作和交接者进行深层次地交流，从而使交接工作成了"例行公事"。

3. 交接内容片面

有些管理者在交接工作时，只说成绩，不说问题，这就导致继任者对于工作的认知不全面，会在接下来的工作中遇到很多障碍。

4. 交接手续不完善

有些管理者在交接工作时，没有履行必要的手续，仅仅以口头的形式进行交接，导致继任者在以后的工作中发现问题时，没有交接的原始书面材料可查。

6.1.2 准备工作交接内容

工作交接要想做得详细，就一定要在交接工作之前做一定的准备工作。如果不提前做准备，交接工作时，就会出现交接不全面的问题。

某个财务部门的中层管理者，在进行工作交接时，就是由于没有提前准备、总结要交接的工作内容，而出现了交接不全面的问题。

这名管理者认为自己对于工作已经了解得很透彻了，即使不提前做准备，在交接工作时也能马上将工作内容全部说出。事实上，其在交接工作时，虽然将大致的工作全部告知给了继任者，但是他却疏忽了一点，没有将各个抽屉的钥匙交给继任者，导致继任者无法拿到各类文件。最终，其只能花费时间，专程将钥匙送交给继任者。

所以，在交接工作时，一定要提前做准备，避免出现交接不全面的问题。总结工作交接的内容有以下几方面，见图6－2。

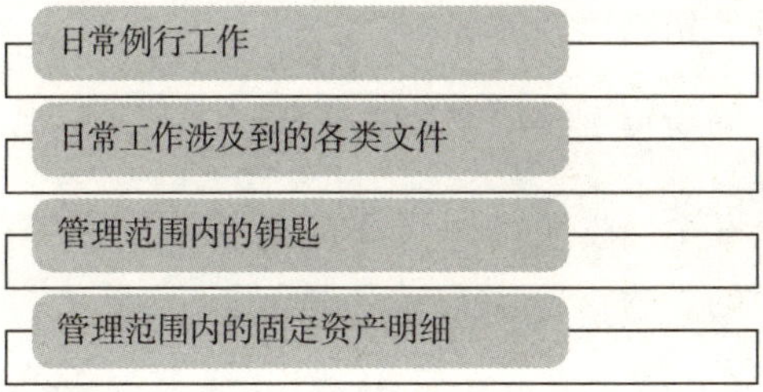

图6－2 工作交接的内容

6.1.3 制作工作交接报告

要想做好交接工作，就要学会制作工作交接报告，将所要交接的工作通过书面的形式表达出来。

所谓工作交接报告，主要内容是讲解日常工作。工作交接报告中需要体现以下内容：

（1）本职位的日常工作内容。

（2）可能用到的文件有哪些，都放在哪里。

（3）具体的各个工作项目中应该注意哪些问题。

如采购部的管理者在制作工作交接报告时，在报告中就要体现出具体的采购程序、各个供应商的详细资料、如何挑选并评审供应商等；人力资源部的管理者在制作工作交接报告时，在报告中就要体现出公司招聘及人员调遣的程度、各个人员的档案存放位置、有关信件如何撰写和发出等。

以下为一名酒店管理者的工作交接报告范本：

关于XX（中层管理者）将工作移交给XXX的工作移交报告

呈：XX总

时间：X年X月X日

职位具体权限：

1. 本部门人员的招聘以及解雇权；

2. 本部门人员的薪资考核以及升降职权；

3. 本部门涉及的文件审阅、签署权；

4. 与商务客户的签约权。

职位所涉及印章：一个

客户情况：

已签约客户：已存档，电脑序号为XXXX。

潜在客户：已存档，电脑序号为 XX－XXX。

工程项目情况：

1. 酒店管理系统；
2. 酒店监控系统；
3. 酒店消防系统；
4. 客房装饰。

其他密码账号事项：

1. 各部门钥匙共 3 把；
2. 总务房卡一张；
3. 酒店管理系统账号全部为 XXX，密码全部为 XXXXXX。

未完成工作：

由于配套设施工期延后，导致酒店装修项目未完成，需要继续跟进。

以上所有工作内容，即日起全部移交给 XXX 负责，未尽事宜日后电话口头移交。

6.2 用交接文件展示团队工作重点

在交接工作的过程中，还有一项很重要的工作，就是让继任者明确团队工作的重点。如果只是将所有的交接工作“摆”在继任者面前，继任者很难分清楚哪些是工作重点，哪些可以适当地往后放，在之后的工作中就会没有主次之分，从而对工作效率和工作质量产生影响。

因此，用交接文件明确团队工作重点，有利于继任者快速了解工作重点，从而使工作主次分明，高效地完成工作任务。

6.2.1 工作交接文档需包含的内容

通常，一份工作交接文档需要包含以下内容：

1. 交接背景

在交接背景一栏，要说明交接工作的理由、时间。

2. 交接内容

交接内容包括过去已完成项目的详细说明；当前在做的未完成项目的详细说明；还未开始做的项目；过去遇到过的问题及原因、解决方案，对于常见的问题重点说明；平时工作中的一些事项，比如项目进度的控制，最有可能耽误在哪些环节等。

3. 继任者工作提醒

相关工作经验；对继任者的工作建议；与继任者沟通增补的注意事项。

4. 继任者文件与物品交付

日常重要文档模板，附使用说明；重要纸质文档扫描留存上传，附链接；电子资料统一上传公司云盘，附链接；钥匙、电脑硬件清单；电子密码账户清单。

5. 预计可能出现的问题

如想要找到 XX 文件，建议可先找 XXX 同事，如不能找到，再找 XXX 同事。

6. 后续联系方式

指继任者如工作出现问题后，可联系的人员的具体联系方式。

7. 交接验收

继任者签名，并做出自己的评价，标明交接日期。

从这份交接文档的内容模板可以看出，团队的工作重点应该体现在交接内容一栏。所以，管理者在用交接文件展示团队工作重点时，要着重说明交接内容一栏。

当然，不同部门的工作重点不同，所以不同部门的管理者在用交接文件展示工作重点时，其具体内容也会有所不同。

6.2.2 不同中层工作交接文件案例表

1. 人力资源部门中层管理的工作交接表

张丽是某家公司人力资源部的中层，在制作工作交接文件时，张丽通过工作交接文件很好地向继任者展现了人力资源部门的工作重点。以下为张丽所编写的工作交接文件。

人力资源部门张丽的工作交接表

交出人：张丽　继任者：XXX　交接日期：X年X月X日

交接背景：

由于人力资源部张丽的离职，所以进行工作交接。

交接内容：

1. 员工花名册：公司共有210人，档案总数210份。

2. 社会保险缴纳：保险办理台账。

3. 工伤处理：公司一年内共发生2起工伤事故。

4. 人员管理：公司基层人员共180人，管理层为30人。

5. 人员培训：公司今年计划组织人员培训5次，其中3次已经完成，2次还未展开。

6. 人员招聘：公司拟招聘20人。

继任者文件与物品交付：

各类联系电话、钥匙

预计可能出现的问题：

如果文件找不到，可以联系XXX同事

交接验收：

继任者：XXX

评价：XXXXXX

从张丽的这份工作交接文件中，可以明确地从交接内容一栏看出人力资源部门的工作重点：

（1）建立公司人员花名册，明确人员分工。

（2）负责人员的招聘、入职、离职等劳动关系。

（3）负责各部门的人员培训工作。

（4）为员工缴纳社会保险。

（5）负责公司员工的薪资结算。

2. 采购部中层管理的工作交接文件

王强是一名采购部的中层管理者，由于工作调动，王强需要与继任者做好采购部工作的交接。为了让继任者能够快速明确采购部的工作重点，王强编写了一份工作交接文件。

采购部门王强的工作交接表

交出人：王强　继任者：XXX　交接日期：X 年 X 月 X 日

交接背景：

由于采购部王强的工作调动，所以进行工作交接。

交接内容：

1. 负责审核公司各个部门的采购需求。目前已通过 3 项，另有 2 项存有异议。

2. 生产原料的订单合约需要起草。

3. 有一批产品出现了质量问题，需要制定退货方案。

4. 重新联系新的材料供应商。

5. 配合财务部门制定整体的付款策略。

继任者文件与物品交付：

相关钥匙共 5 把；文件 20 份。

预计可能出现的问题：

若供应商出现问题，可以拨打电话 XXXXXXX

交接验收：

继任者：XXX

评价：XXXXXX

通过王强所编写的工作交接文件中的交接内容一栏，继任者可以非常明确地看出采购部门的工作重点：

（1）审核各个部门的采购需求。

（2）制定合适的采购方式。

（3）维护现有的供应资源，并开发新资源。

（4）调查供应商资质，评定其生产能力。

（5）起草签发并管理采购合约。

（6）与供应商协商一致，并支付货款。

（7）根据采购需要采取相应的应急行动或进行后续跟踪。

6.3

工作分配表让继任者快速了解工作重点

管理者在交接工作时，除了要通过工作交接文件告知继任者全部的工作范围，还需要通过工作分配表让继任者快速了解工作重点。

一份工作分配表，包括管理者与工作人员在内的全部人员的工作内容。工作分配表将不同的工作具体分配给了不同员工，并保证每一个员工都有具体的工作，知道自己的工作重点是什么。通过这样的方式，明确团队中每个人的工作重点，让工作变得更加简单、高效。

因此，在工作交接时，向继任者提供一份工作分配表，能让继任者对本部门的工作有一个更加清晰的认识与判断。

6.3.1 工作分配表的重要作用

小张和小刘分别在两家不同的公司任中层，由于工作调动，两人都需要与继任者做工作交接。小张在交接工作时，除了将总体工作内容制作了一份工作交接报告外，还制作了一份本部门的工作分配表，其中详细展示了包括继任者在内的各个人员的工作重点；而小刘则只是将一份总体工作交接报告交给了继任者。

小刘的继任者在后续的工作中，由于不知道部门内部各个人员的具体职责，在实际工作中经常碰到阻碍。如小刘让一名员工做某项工作时，却被告知他不是负责这项工作的人；而有工作分配表作为参考依据的小张的继任者，工作开展则要顺利得多。通过工作分配表，小张的继任者很快明确了部门人员的分工，并在工作中表现得游刃有余。

一份工作分配表，使两个人在工作中产生了截然不同的效果。可见，工作分配表在工作交接中发挥着重要的作用，见图6－3。

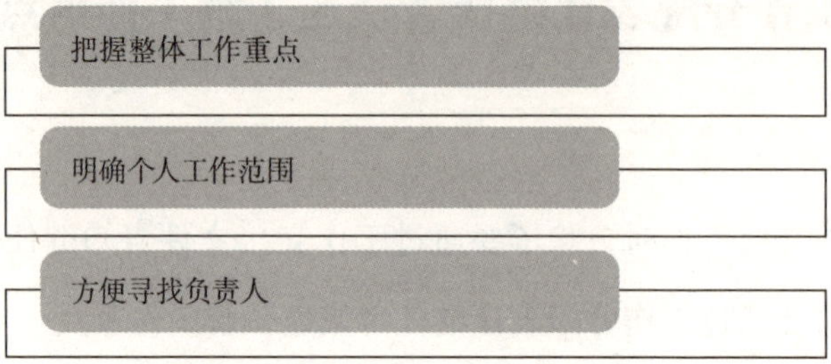

图6－3　工作分配表的重要作用

1. 把握整体工作重点

通过工作分配表，继任者可以直观地看到部门的工作范围与工作重点，以及哪些工作是急需完成的，哪些是可以暂缓的。

2. 明确个人工作范围

在工作分配表中，对部门中各个人员，包括继任者在内的所有人员的工作范围与工作重点都进行了明确的限定，每个人只需要按照工作分配表开展工作即可。这样，就能避免由于管理者的调动而出现工作职责分配不清，从而影响工作进度。

3. 方便寻找负责人

继任者刚刚上任，对部门内部的人员分配情况不熟悉，出现问题就无法准确找到相关负责人。而有了工作分配表，哪项工作出了问题，就可以按照工作分配表直接找到相关负责人，方便日后解决和追责。

6.3.2 如何制定工作分配表

在工作交接时，要制作工作分配表，以方便继任者在之后的工作中参考。在工作分配表中，要明确每个员工的具体工作职责，且要根据不同的人员的不同岗位职责进行划分。具体如何制定工作分配表，可以参考以下方式，见图6－4。

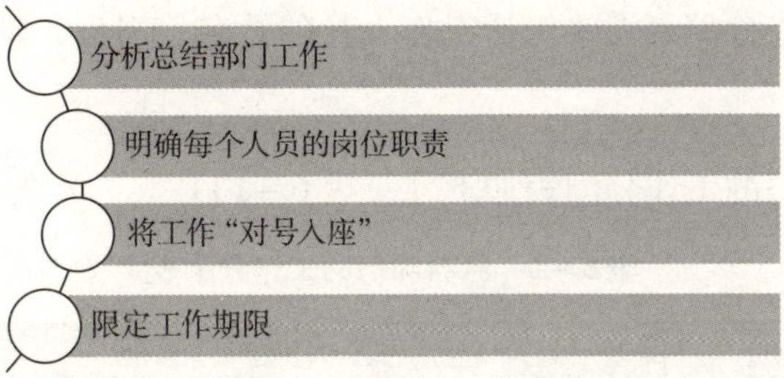

图6－4 制定工作分配表的具体方式

1. 分析总结部门工作

要想制作工作分配表，帮助继任者清晰认识各个人员的工作重点。首先要汇总部门的工作，确保无遗漏，才能进行下面的工作。如果工作分配表中所涉及的工作不够全面，不但不能给继任者提供帮助，还会使继任者在开展工作时出现漏做工作的问题。

2. 明确每个人员的岗位职责

想要合理分配工作，就要明确部门中每个人员的具体职责。如果岗位职责不明确，在后期分配工作时，就会出现张冠李戴的问题，致使工作产生混乱。

3. 将工作“对号入座”

在明确总体工作范围以及各个人员的具体职责后，要根据各项工作的性质，分配给工作要求与岗位职责相对应的人员，真正做到“对号入座”。

4. 限定工作期限

在实际工作中，有一些工作是有时间限制的。对于这类工作，就要将其完成期限体现在工作分配表中。这样不仅便于工作人员分配工作时间，还方便继任者实现对整体工作的把控。

6.3.3 工作分配表的体例样式

通常，工作分配表需要包括工作人员的姓名、岗位、具体工作内容以及完成时间等。

某原料部门的工作分配表如下（见表6－1）。

表6－1 原料部门的工作分配表

员工姓名	岗位	工作职责	完成时间
张超	部门主管	原料部门的各项管理工作	
李玲	部门副主管	负责完成部门内部的各项管理工作	
		主管新建生产区的取样班的各项管理工作	
		负责安全、设备、现场、监督、检查以及实际操作的培训工作	
王丽		负责协助部门主管完成部门内部的各项管理工作	
		主管老生产区的取样班的各项管理工作	
		负责原料的工艺技术、质量问题、监督检查以及培训工作	
王强	技术员	负责贯标、班组建设、复样以及工作督办	6月3日～6月23日
		协助负责工艺技术、质量问题、监督检查、培训工作、安全、现场	

续表

员工姓名	岗位	工作职责	完成时间
赵青	技术员	负责老生产区原料各项统计工作	
		负责全部门的人事、考核、机物料成本计划、档案等归口管理及协调沟通工作	
		协助老生产区班组建设、现场、台账整理和检查工作	
王平	技术员	负责新建生产区原料的各项统计工作	
		负责全部门的办公用品、会议纪要等归口管理及协调沟通工作	
		协助负责新建生产区、班组建设、现场、台帐整理和检查工作	

从上述的工作分配表中可以看到，对于部门中的各个工作人员的具体职责，通过列表的形式进行了明确的限定。当继任者开展管理工作时，就可以参照工作分配表。这样不仅能明确自己的工作范围，还能明确每个员工的工作范围，且给之后的工作开展提供了很大的便利。

6.4
交接“未解决问题”，点明原因、过程与结果

在进行工作交接时，交接内容一般为过去已完成的项目、当前在做却未完成的项目以及还未开始做的项目。其中最烦琐也是最重要的内容就是交接未完成的工作项目。对于未完成的工作项目，继任者需要做到承前启后。如果不能了解项目的具体情况，之后的工作就很难展开。

因此，管理者在进行工作交接时，要就未完成的工作做重点说明。通过说明工作的来龙去脉，让继任者对工作有一个整体的认知，方便日后开展工作。

6.4.1 说明工作未完成的原因

在进行工作交接时，管理者首先要说明工作未完成的原因。只有说明未完成的原因，继任者才能针对具体原因找到合适的解决办法。如果只告诉继任者没有完成的工作，却不点明未完成的具体原因，继任者就无法对未完成的工作项目有针对性地找出解决办法。

简是一家著名公司生产部的中层，由于工作调动，简需要就生产部的各项工作与继任者做工作交接。对于未完成的工作项目，简只是简单地将各个未完成的项目罗列给了继任者，并未就工作未完成的原因做出详细的解释。简离职后，依旧会接到继任者打来的电话，询问工作为什么没有

完成。

原来，通过简的交接报告，继任者只知道有哪些工作没有完成，需要自己继续做。但是由于不知道未完成的具体原因，继任者一直找不到工作切入点，后续的工作很难展开。只能每次遇到问题，就给简打电话寻求帮助。这样不仅给继任者开展工作造成了不便，也浪费了简的时间。

李玲同样是一家公司的中层，由于个人原因，李玲要办理离职。与简不同，在和继任者进行工作交接时，李玲就未完成工作的具体原因做了详细的介绍（见表6－2）。

表6－2 未完成工作的原因

未完成工作	未完成原因
零件采购未完成	未确定购买的厂家
D批产品完成80%	原料不足
设备更新未完成	更新方案未制作完成
生产设备维修未完成	维修计划未完成
人员培训未完成	目前只进行了一次

通过李玲详细的表述，继任者不仅明确了哪些工作未完成，还明确了各项工作未完成的原因。其在之后继续完成这几项工作的过程中，就可以从未完成的原因中找到工作的切入点，从而有效减少了工作中的障碍。

通过简和李玲对工作的交接，可以看出：交接未完成工作时，说明未完成原因的重要性。所以，在交接工作时，一定要针对未完成工作的原因做详细表述。

6.4.2 说明未完成工作的工作过程

要想做好工作交接，除了要向继任者说明工作未完成的原因外，还要说明具体的工作过程，从而让继任者对工作的过程有一个直观且整体的认识。不然，继任者初来乍到，对于各项工作的实施方式都不太了解，在没有任何工作指导以及工作信息的情况下，很难顺利地开展工作。

上文中的生产部的李玲，在向继任者说明未完成工作的情况时，除了说明未完成工作的原因外，还将各项工作的工作过程做了详细叙述（见表6－3）。

表6－3　未完成工作的实施过程

未完成工作	未完成原因	具体工作过程
零件采购未完成	未确定购买的厂家	零件采购工作的流程一般为： 1. 统计上一年度的零配件的领用情况，对常规的配件做适当的库存 2. 零配件采购根据当年的使用情况，确定采购的厂家，型号，价格。争取每种类的配件有三家以上的供应商 3. 根据公司全年的生产计划和设备运行情况做出全年的零配件采购计划，报总经理审核批准 4. 安排相关人员采购 5. 生产常用零配件定点采购，争取有三家以上的供应商。货比三家，质量第一，努力降低采购成本
D批产品完成80%	原料不足	采购原料工作的流程一般为： 1. 确定所需原料的种类 2. 联系常用的原料供应商 3. 指定专门的原料采购人员进行采购
设备更新未完成	更新方案未制作完成	更新设备工作的流程一般为：1. 根据公司总体的经营计划做出相应的设备改造更新计划 2. 组织技术人员提出方案，包含技术可行性，经济实用性 3. 报总经理审批 4. 执行更新方案
生产设备维修未完成	维修计划未完成	维修生产设备工作的流程一般为： 1. 根据上一年的设备故障率，找出关键设备 2. 根据上一年的设备使用情况，提出当年的设备维修总计划 3. 根据年度设备维修总计划，做出月度的分计划 4. 执行月计划，并标明完成情况

续表

未完成工作	未完成原因	具体工作过程
人员培训未完成	目前只进行了一次	人员培训的工作流程一般为： 1. 生产部每年须安排两次以上的人员培训，其中包括岗位技能培训和素质培训 2. 培训方式为实际操作和理论讲授相结合 3. 条件允许可安排外地培训或外单位培训

通过这样详细的叙述，继任者在继续完成未完工作的过程中，就可以按照具体的工作过程，有序地展开工作。

6.4.3 说明未完成工作的预期结果

在做工作交接时，管理者要告知继任者工作最终的预期结果，即这项工作最终要达到什么样的结果，起到什么样的作用。只有让继任者明确了工作的标准，其才能在之后的工作中，有明确的工作方向。

李玲在未完成工作的书面说明里，同样点明了各项工作的预期结果。由此，完成了一份完整的未完成工作书面说明（见表6-4）。

表6-4 未完成工作的完整书面说明

未完成工作	未完成原因	具体工作过程	工作预期结果
零件采购未完成	未确定购买的厂家	零件采购工作的流程一般为： 1. 统计上一年度的零配件的领用情况，对常规的配件做适当的库存 2. 零配件采购根据当年的使用情况，确定采购的厂家，型号，价格。争取每种类的配件有三家以上的供应商 3. 根据公司全年的生产计划和设备运行情况作出全年的零配件采购计划，报总经理审批 4. 安排相关人员采购 5. 生产常用零配件定点采购，争取有三家以上的供应商。货比三家，质量第一，努力降低采购成本	控制采购预算，在合理的预算范围内，采购适合的生产零件

续表

未完成工作	未完成原因	具体工作过程	工作预期结果
D批产品完成80%	原料不足	采购原料工作的流程一般为： 1. 确定所需原料的种类 2. 联系常用的原料供应商 3. 指定专门的原料采购人员进行采购	在最短的时间内完成原料采购工作，监督生产人员，高质量、高效率地完成D批产品生产工作
设备更新未完成	更新方案未制作完成	更新设备工作的流程一般为： 1. 根据公司总体的经营计划做出相应的设备改造更新计划 2. 组织技术人员提出方案，包含技术可行性，经济实用性 3. 报总经理审批 4. 执行更新方案	制定相应的更新计划，高效完成设备更新
生产设备维修未完成	维修计划未完成	维修生产设备工作的流程一般为： 1. 根据上一年的设备故障率，找出关键设备 2. 根据上一年的设备使用情况，提出当年的设备维修总计划 3. 根据年度设备维修总计划，作出月度的分计划 4. 执行月计划，并标明完成情况	检查、维修全部的生产设备，确保生产设备能够良好运转
人员培训未完成	目前只进行了一次	人员培训的工作流程一般为： 1. 生产部每年须安排两次以上的人员培训，其中包括岗位技能培训和素质培训 2. 培训方式为实际操作和理论讲授相结合 3. 条件允许可安排外地培训或外单位培训	完成生产人员培训计划，提升生产人员的工作技能

6.5 帮助继任者迅速进入工作角色

工作交接做得不好，继任者的工作就有可能进入“空窗期”，这是非常不利于公司发展的。

继任者最开始对于管理的工作并不熟悉，在对工作没有一个深入了解的情况下，让其带领一个部门继续工作，可想而知工作的推进会有多艰难。所以，管理者在进行工作交接时，除了提交必要工作交接报告等，还要尽自己所能给继任者提供帮助，帮助其尽快进入工作角色，实现工作交接的平滑过渡。

6.5.1 提供一份可操作性强的工作日志

这里的工作日志与前面提到的工作交接报告、工作分配表不同。这里提到的工作日志，主要包括管理者这一岗位的具体工作安排。在做工作交接时，管理者如果能够给继任者提供一份自己的工作日志，继任者就会在了解工作大致职责范围的前提下，对接下来一段时间内的工作有一个整体的认识。在最初的磨合期，继任者只需要按照工作日志展开工作，就不会出现手忙脚乱的情况。

约翰是一家公司的中层，在离职前与继任者的工作交接中，约翰给继任者提供了一份工作交接报告以及一份工作分配表。通过工作交接报告，继任者了解自己所在部门工作的基本情况；通过工作分配表，继任者对本部门中包括自己在内的各个员工的工作范围有了大致的认识。但是，在之后的工作中具体要做些什么，继任者还是没有明确的认识。而由于对工作还不熟悉，让其马上针对自己的工作做出一份工作安排，难度非常大，不仅需要花费大量的时间、精力，且做出来的工作安排还不一定适合。

为此，约翰给继任者提供了一份自己的工作日志，其中包括在未来的一段时间内，具体签约合同的时间；需要在部门内部召开的常务会议；下属的汇报计划等。有了这份工作日志，继任者就可以根据工作日志上的内容开展工作。

通常，一份工作日志包括以下几方面内容，见图6－5。

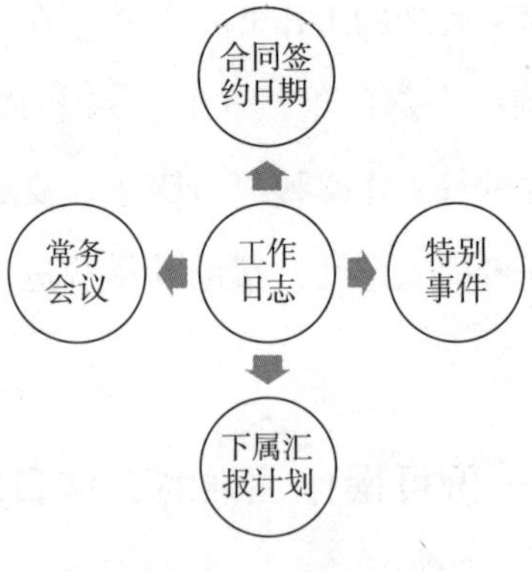

图6－5　工作日志所包含的内容

1. 常务会议日志

常务会议主要指在之后的一段工作时间内，部门内部需要召开哪些常务会议。这些会议需要由管理者提前准备会议内容、时间等。继任者可以根据工作日志上提及的常务会议，逐步召开。

2. 合同签约日期日志

管理者要就部门职责范围内的工作与其他相关部门签署合约。继任者刚刚上任，对工作内容不了解，在不知情的情况下，很有可能错过签约日期，这将给公司造成不可挽回的损失。而将要签约的合同内容、日期明确体现在工作日志上，能够确保继任者在合约签订方面不出现大的差错。

3. 特别事件日志

特别事件不同于部门内部的日常事件，不在日常工作范围内。如果不做提醒，继任者初来乍到，很有可能漏掉。如部门中有员工需要上保险、申请补助等。

4. 下属汇报计划日志

继任者在刚刚上任的一段时间内，各项工作都没有完全熟悉。而管理者需要常常听取下属的工作汇报，以便实时了解工作情况。而如果给继任者一份下属汇报计划，其只需要按照计划，听取下属的工作汇报即可。

6.5.2 让继任者提前参与工作

在与继任者做工作交接时，若想帮助继任者尽快进入工作角色，让继任者提前参与工作是一个非常直接的办法。这里所说的“提前”，是指在管理者离任、继任者正式上岗之前。如果继任者能够在管理者尚未离职的情况下，提前参与部门工作，并由管理者带领，实地参加，在“实战”中深入了解部门工作，这无疑相当于提前演练，对继任者尽快进入工作角色也是非常有利的。

管理者带领继任者提前参与部门工作，大致可以涉及以下工作范围。

1. 参与日常工作

在日常的工作中，可以带领继任者参加。如布置下属的工作任务、检查工作完成进度和工作质量等。

2. 参与主持常务会议

在召开部门内部的常务会议时，可以让继任者旁听，学习常务会议召开的流程、形式、内容，以及常务会议涉及的人员等。

3. 参与有相关合作商参加的会议

要想让继任者提前参与工作，可以带领继任者参与有本部门合作商参加的会议。作为一个部门的管理者，需要了解合作商的基本情况，以及与合作商谈判的技巧。而让其提前参与类似会议，可以学习、借鉴自己的谈判方式与技巧。并且，带领继任者提前参与有合作商参与的会议，可以提前让继任者与合作商认识、熟悉，方便之后联系。

6.5.3 向继任者讲述自己的经验教训

工作经验对于一个人是非常宝贵的。有了工作经验，就可以在之后的工作中避免犯错。管理者在交接工作时，可以向继任者讲述自己在工作中的经验教训，也可以给继任者提供借鉴内容，有利于其尽快进入工作角色。

继任者初来乍到，即使通过各种表格、报告对管理工作有了一些认识，但是这些工作描述都不免过于表面化。在实际工作中，由于工作经验不足，还是会碰到很多实际的问题。而管理者由于具有一定的工作经验，对于哪些地方容易出现问题，什么样的问题可以用什么样的办法解决，都有很多“实战经验”。将这些经验传授继任者，能够避免继任者在实际工作中由于经验不足而碰壁，从而帮助其快速进入工作角色。

第7章 总结工作讲问题

只有善于总结，管理者才能发现工作中存在的问题，并针对这些问题寻求解决方案并加以改正，以此实现团队的不断进步。

7.1

KPT 日记法，用记录改进团队工作

要想做好总结工作，就要善于记录团队的工作。通过记录团队的工作，从工作记录中找出存在的问题，并针对这些问题在今后的工作中做出相应的调整。如果对所做的工作不进行记录，那么在后期做工作总结时，就无法对之前的工作形成一个系统的认识，总结工作也就无法做得全面。而总结工作不全面，也就不能称得上是成功的工作总结。

在进行工作总结时，管理者可以参考 KPT 日记法，对团队工作做出系统的、全面的、持续的工作总结，并不断改进从工作中发现的问题，从而不断提升团队的工作能力。

7.1.1 什么是 KPT 日记法

要想将 KPT 日记法很好地运用到工作总结中，管理者首先要了解 KPT 日记法是什么。KPT 日记法并不是指怎样写日记，而是一种企业管理中常见的类似于“看板管理”的管理方法。

KPT 日记法中的 K、P、T 分别代表以下几个问题：

1. Keep：保持

保持就是要在之前的工作方法中，找出哪些是积极的、有用的。对于这样的工作方法，就要在今后的工作中继续保持。

2. Problem：问题

总结工作时，除了要找出以往工作中需要保持的部分，还要发现之前工作中所存在的问题。这也是进行工作总结的一个重要目的。

3. Try：测试

针对工作总结中发现的问题，找出相应的解决办法。并在今后的工作中，将找出的解决办法加以实施。

KPT 日记法中的 Keep、Problem、Try 三个步骤，最重要的环节应该是 Try，测试环节。因为在工作总结中找到存在的问题后，针对问题制定的解决方案不一定是最合适的。并且，有时还需要制定多种方案。KPT 日记法最重要的就是将所制定的解决方案在实际的工作中进行测试。通过不断地尝试，最终找出最适合的解决方案，从而真正解决存在的问题。

KPT 日记法在每次的总结工作中，不是单独存在的，而是“流动”的。所谓“流动”，就是指每次工作总结时运用 KPT 日记法，都应该承接上一次。从上一次的 KPT 日记法所制定的工作方法中找出可以保持的经验。同时，又要发现新问题，针对新问题找出相应的解决办法，并运用到下一轮工作总结中。只有这样持续不断地进行改革，才能不断提升团队的工作能力。

7.1.2 为什么要用 KPT 日记法

很多管理者在做工作总结时，都有这样的感觉：做工作总结时，对于工作中出现的问题，大家都讳莫如深，一味地说工作中取得的成绩。长此以往，工作总结成了表彰大会。对于工作中存在的问题，一直摆不到明面上，也就得不到解决。工作中存在的问题不解决，工作能力就一直得不到提升和改善，工作总结也就失去了意义。

有的管理者为了避免员工在工作总结中只说优点，不说缺点，就要求员工在工作总结时只说缺点，不用说优点。时间一长，员工就会认为自己在工作中处处都是缺点，而没有可取之处，从而不可避免地就会产生自卑的心理，对工作失去热情。这样的情况同样不利于工作能力的提升。

KPT日记法就很好地避免了在工作总结中出现这两种情况。由于KPT日记法所具有的两个特点（见图7－1），决定了其能保证工作总结的客观和有效性。

图7－1　KPT日记法所具有的两个特点

1. KPT不问优缺点

KPT日记法在工作总结中的应用，关注点并不在每个员工具体的优缺点上，而是聚焦于工作方法是否适用。通过KPT日记法，可以快速帮助员工进行自我认识，对工作结构进行梳理。找出其中可以继续保持的积极部分，并找出以往工作中存在的问题。这样，既可以实现工作能力的累积，又可以发现问题，不断提升员工的工作能力。

2. KPT积累自信，帮助自我成长

KPT日记法最大的一个特点，就是能够让员工在不断的总结中，发现自己的优缺点。通过不断进行改正，实现员工自身能力的提高。

这就是为什么管理者要在工作总结时，使用KPT日记法的原因。因为如果能够将KPT日记法很好地运用到工作总结中，就可以实现团队能力的逐步提升，真正发挥工作总结的作用。

7.1.3 KPT 日记法怎么用

由上文可知道 KPT 日记法具体的几个步骤。而管理者在将 KPT 日记法应用于实际的总结工作中时，就要按照 KPT 日记法的三个步骤逐步进行。

将 KPT 日记法中的 Keep、Problem、Try 三个步骤用于工作总结中，具体可以表述为：

Keep：总结之前所做的工作。

Problem：工作中尚未得到解决的问题。

Try：针对未解决的问题，在之后的工作中要尝试的工作方案。

Lily 是一家外资企业的中层。在做工作总结时，Lily 就很好地运用了 KPT 日记法，将工作总结做成了记事表的形式（见表 7－1）。

表 7－1　工作总结记事表

<table>
<tr><th>Keep（保持）</th><th>Try（解决）</th></tr>
<tr><td>1. 对当天生产的产品进行全面质量检测
2. 每天撰写工作日志</td><td rowspan="3">将每项工作分配给专门的人员负责，保证每个员工的工作都非常清晰、明确。
给每个生产小组配备专门的负责人，把控小组的生产进度与生产质量</td></tr>
<tr><td>Problem（问题）</td></tr>
<tr><td>职责不明确，出现问题不能找到直接的负责人</td></tr>
</table>

通过运用 KPT 日记法，在工作总结中制定这样的表格，能够将工作进行客观地分析、总结，并能针对其中存在的问题做进一步改善。Lily 的工作团队也因为这样的工作方式，工作能力得到了不断提升。

7.2

对比法，找出束缚团队的关键点

“没有对比就没有伤害”。对比，是通过将两种或者多种同类型的事物相比较，可以发现各自所具有的优势与不足。如果没有对比，对自身的情况做考量时，就缺少了必要的参照物。没有参照物，就很难发现其中的优缺点。

对比法，又名对比分析法、比较分析法。是通过对比实际数与基数之间的差异，发现、了解经济活动所取得的成绩，存在的问题的一种分析方法。

在现代企业的经营管理中，对比法起着非常重要的作用。管理者在进行工作总结时，同样可以运用对比法，以此发现束缚团队的问题并改正，从而让团队变得更加完美。

7.2.1 整体提高：与同行业其他团队对比

做工作总结时，如果要想通过对比法实现团队工作能力的提高，首先应该与同行业竞争对手的相似团队进行整体对比。

叶青是一家公司生产部门的中层管理者。在做工作总结时，叶青就运用了对比法，通过将所负责的生产部门与同行业其他公司的生产部门做对比，以此分析自己所负责的工作团队有哪些优势，以及还有哪些需要改正提高的地方。

叶青在与同行业其他公司的生产部门做对比时，从各个公司的生产部门的技术设备配置、上一季度的生产量、产品质量反馈，以及人员管理等方面进行了综合对比。最终，叶青制定了一个详细的数据对比表（见表7－2）。

表7－2　多家公司生产部门的数据对比

	技术设备配置	上一季度的生产量（吨）	产品质量反馈	人员管理
叶青所负责的生产部门	一般	80	市场反应一般	较完善
A竞争公司的生产部门	先进	100	市场反应良好	非常完善
B竞争公司的生产部门	一般	85	市场反应良好	非常完善
C竞争公司的生产部门	较差	70	市场反应较差	较完善
D竞争公司的生产部门	一般	80	市场反应良好	非常完善

通过绘制表格，叶青发现了所在部门存在的优势和不足。

通过上表可以发现，叶青所负责的生产部门在技术设备配置方面与B竞争公司、D竞争公司相同，都属于一般，而A竞争公司属于先进，C竞争公司最差；在人员管理方面，叶青所负责的生产部门与C竞争公司都属于较完善，而A、B、D三家公司则非常完善；在生产量与产品在市场上的质量反馈方面，叶青所负责的生产部门生产的产品都处于中等。

与其他竞争对手公司相比，同样的生产设备情况下，由于人员管理不是特别完善，导致产品产量以及质量的下降；同样的人员管理方式下，技术设备是否先进则是影响产品产量以及质量的关键因素。

通过进行工作总结，叶青得出结论：技术设备配置以及人员管理是制约工作团队提升能力的关键因素，所以在之后的工作中要重点加强这两个方面。

从叶青的案例中，可以看出站在工作团队这一宏观角度，与竞争对手的工作团队进行对比的重要作用。在与同行业其他团队对比时，管理者可以主要从四个方面进行对比，见图 7－2。

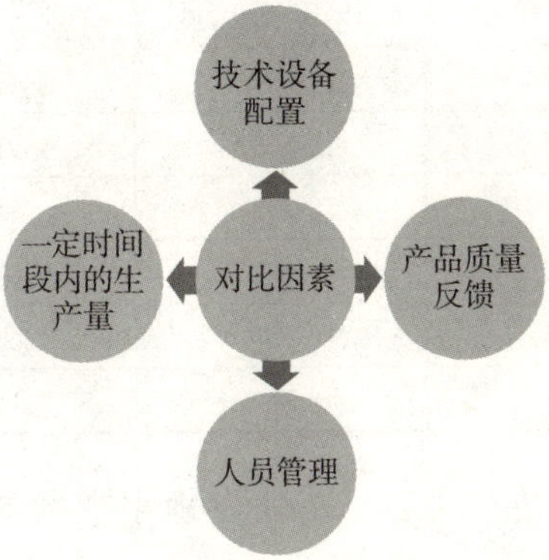

图 7－2　对比因素

上述四个方面是衡量一个工作团队工作能力的重要因素。通过对比以上四个因素，就能全面地将工作团队进行综合对比。这样对比出来的结果才更加全面、客观，参考意义也更强。

7.2.2　个体提高：将工作团队中的成员做对比

想要在工作总结中运用对比的方法，实现团队工作能力的不断提高，除了通过与其他竞争对手做整体对比，还要关注团队中的成员个体。每一个个体都对整个工作团队的工作成绩起重要的作用。通过将团队中的个体进行对比，可以发现每个员工的优势与不足，进而有针对性地对每个成员都进行提升。如果每个成员工作能力都得到提升，那么团队整体的战斗力自然可以加强。

王丽是一家公司销售部门的中层，在做工作总结时，王丽通过将销售团队中的各个成员的成绩进行对比，帮助员工找出其不足之处。

王丽将各个员工的各项数据进行汇总，制定了以下表格（见表 7－3）。

表 7-3　王丽所制定的员工成绩对比表

	销售额（万元）	新增客户（名）	现有客户维护（名）	投诉率（%）
小张	5.01	50	良好	2
小李	7.05	50	优	1
小赵	4.98	30	良好	2
小邓	5.02	48	流失 1 名	2
小刘	5.04	45	流失 2 名	5
小周	4.97	31	良好	3

通过制定员工成绩对比表，王丽发现小李的各项成绩指标都是最好的，可以树立成团队中的工作标杆；小张表现也较好，与小李相比，需要重点提高销售能力，以提高销售额；小赵与小周成绩相差无几，在现有客户维护以及投诉率方面都有较好成绩，但是需要重点加强销售能力与寻找新客户的能力；小邓和小刘两人的成绩与其他员工相比，仍有一定的差距，虽然在新增客户方面有不错的成绩，但是销售能力还需要再加强。并且，两人都有现有客户流失，在今后的工作中要加强对现有客户的维护。此外，小刘还有 5% 的投诉率，在之后的工作中，对客户的服务态度则要重点加强。

通过对员工各项成绩的综合对比，王丽帮助每个员工找到了各自需要加强的部分，而员工在之后的工作中，也可以针对性地进行提高。

通过王丽的案例，可以看出在工作总结中，将各个员工的工作成绩进行对比的重要性。作为一名管理者，要善于将各个员工做对比，帮助他们找到各自的不足，这些就是束缚团队工作能力增强的关键点。而通过完善各自的不足，团队的工作能力自然可以得到很大的提升。

7.3 用定量分析发现有价值的数据

定量分析法，是现代企业中常用的一种数据分析方法。通过对工作中产生的数据进行数量特征、数量关系以及数量变化分析，可以发现工作中存在的规律。通过这些规律，就可以发现工作中存在的不足。

7.3.1 汇总数据，进行趋势分析

在做工作总结时，要想运用定量分析法，首先要将以往的数据进行汇总，通过综合分析多个工作时段的工作数据，并将数据进行纵向对比，进而从数据的变化趋势中发现工作中的变化趋势。从数据所表现出的趋势，管理者可以看出哪些工作成绩是逐步提高的，而哪些工作是逐步下降的，从而为之后的工作安排提供借鉴意义。

简是一家公司销售部门的中层。在进行工作总结时，简利用定量分析法，将所负责的部门的工作业绩与前几年同时段的工作业绩进行汇总，通过分析这些工作业绩数据，简加深了对工作的认识。

在第二季度的工作进入尾声时，简将本年度第二季度的销售额进行了总结，并找出了前三年同时段的销售额，进行了汇总分析。为了使总结分析的数据更加准确、客观，简还将近四年第二季度产品的单价进行了汇总。搜集完各项数据后，简通过表格的形式，将各项数据体现了出来（见

表 7－4）。

表 7－4　连续四年相同时段的销售数据

	产品单价（元）	整个季度的销售额（万元）
2013 年第二季度	20	30
2014 年第二季度	21	35
2015 年第二季度	18	40
2016 年第二季度	25	25

将各项数据统计完成后，简采用了图表的形式（见图 7－3），对这些数据进行定量分析，从数据中观察趋势走向。

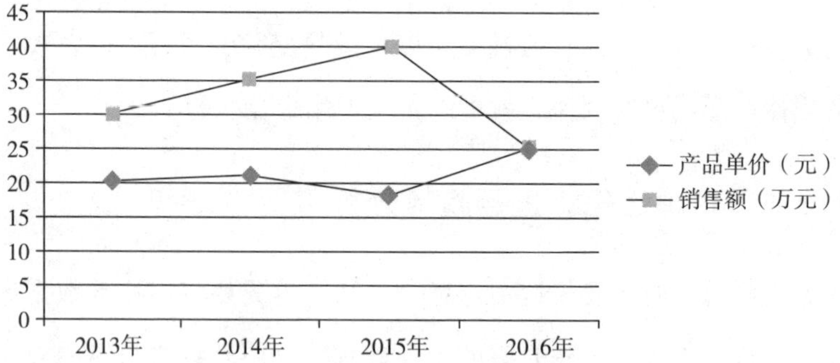

图 7－3　连续四年的数据折线图

通过制作上面的图表，简发现与往年的产品单价与销售额相比，2016 年的产品单价较往年相比略有提高，但是销售额却有了大幅度的下降。综合分析，2016 年较往年相比，产品销售额下降了很多。

通过在工作总结中对数据进行定量分析，简认为本年度第二季度的销售量非常差，在今后的工作中，应该制定相应的解决办法，将销售量提升上来。

通过简的工作总结案例，可以看到定量分析中的汇总数据对进行趋势分析在工作中的重要作用。在总结工作时，管理者同样可以将相关数据进行汇总，通过绘制折线图，分析数据所展现出来的趋势，更深入地认识到自己工作中的优势与不足。

7.3.2 分析比例，进行结构分析

分析比例，进行结构分析，又称结构分析法。结构分析法是定量分析法中的一个重要方法。通过分析各个指标在总体指标中所占的比重，可考量出各个项目在工作总体指标中所占的重要性，从而明确哪些内容是工作中的重点。

赵倩是一家电子生产公司的中层。在对工作进行总结时，赵倩运用了定量分析法中的结构分析法。通过分析各类产品在总体工作业绩中所占的比重，明确今后工作的重点。

赵倩所在的公司生产多种电子产品，其中包括手机、电脑、电视、音响以及电子配件等。赵倩通过分析各类产品各自的销售额在公司总体的销售额中所占的比例，来分析各类产品对公司的重要程度。

首先，赵倩对于各类产品的销售额做了汇总：手机 80 万元；电脑 45 万元；音响 20 万元；电视 40 万元；电子配件 10 万元。公司总体的销售额为 195 万元。然后，为了更直观地观察数据，赵倩做了以下饼状图（见图 7－4），用以展示各类产品的销售额在公司总体销售额中所占的比例。

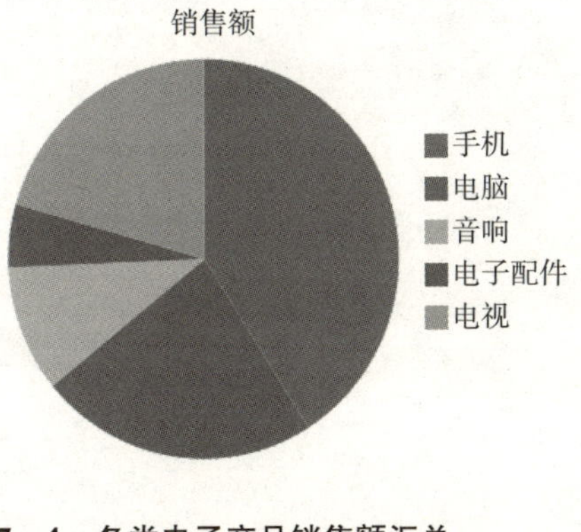

图 7－4　各类电子产品销售额汇总

通过饼状图，可以直观地看出各类产品的销售额在公司总体销售额中所占的比例：手机的销售额在总体的销售额中所占比例明显大于其他种类的产品，由此可以明确手机生产为今后工作的重点；电脑和电视在总体的销售额中也占有一定的比例，所以，电脑以及电视的生产也应该是公司生产的主要品类；音响以及电子配件的生产量在今后的工作中可以适当减少。

7.3.3 与标准值进行对比

定量分析法中另一个非常重要的方法就是相互对比法。相互对比法要求将自身的数值与规定的标准值进行对比。通过与标准值进行对比，发现其中存在的不足之处。管理者在运用定量分析法中的相互对比法进行工作总结时，可以将工作中所产生的各项数据与规定的标准值进行对比，从合格率的角度评定、总结之前的工作。

王宁是一名生产部门的中层管理者，在进行工作总结时，王宁就运用了定量分析中的相互对比法，将部门生产的产品与行业既定的标准以及公司内部制定的标准都进行了对比。通过与两项标准值的对比，王宁总结出了其部门生产产品的合格率。这为之后的工作改进提供了很重要的借鉴依据。

7.4

失败要总结，杜绝重复性问题

在进行工作总结时，想要实现在之后的工作中不出现任何问题，基本上是不可能的。由于各方面因素的变化，以及各种突发状况，想要在工作中不犯错误很难。但是，管理者可以在不断的工作总结中，避免重复性的问题出现。

在工作总结中，要注意针对之前工作中出现的问题，寻找失败的原因，总结失败的经验，找出相应的解决办法，并保证在之后的工作中不再犯同样的错误。只有这样，工作总结才有意义。如果做了工作总结，错误照样犯，工作总结不仅起不到应有的作用，还会浪费宝贵的工作时间。

7.4.1 出现重复性问题的原因

很多管理者即使在工作总结中已经针对出现的问题找到了解决的办法，在之后的工作中，仍然会出现同样的问题。为此，很多管理者会感到非常苦恼，不知道怎样才能杜绝重复出现的问题。

实际上，要想通过工作总结，总结失败的原因，避免在之后的工作中出现同样的问题，首先要知道为什么一些问题即使总结了经验教训，还是会重复出现。

在实际工作中，出现重复性问题的原因大致有以下几种，见图7－5。

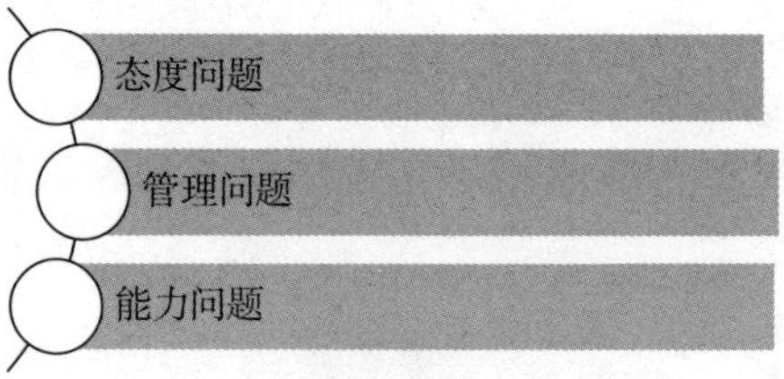

图 7－5　出现重复性问题的原因

1. 态度问题

工作态度是否端正，直接决定了工作中会不会出现重复性的问题。如果员工的工作态度不端正，在工作中缺少责任心，工作中就很容易出现重复性的错误。如果工作态度不端正，即使工作总结做得再好，找出的解决方法再合适，员工都会当成“耳旁风”。面对同样的问题，依然不会采用解决办法，不吸取教训，任由错误再次发生。

2. 管理问题

在工作中，出现重复性问题的又一重要原因是由于管理制度不完善。分配工作时，没有将工作分配清楚，从而造成了职责不清、分工不明确的情况。在具体的工作执行过程中，该遵守的工作制度不遵守，该落实的工作方案不落实。此外，由于工作过程中缺少监督机制，所以出现了问题不追责，任由事态发展，从而造成了工作秩序的混乱。在这样的情况下，很容易犯同样的错误。

3. 能力问题

员工的工作能力不足，同样容易在工作中犯同样的错误。如果员工没有足够的工作能力，那么，就算在工作总结中针对具体问题制定了相应的解决方法，在碰到问题后，员工还是不能将解决方法应用于实践当中。又或是同样的问题只要稍微一变化，员工就无法做到举一反三，自如地来应对问题。

7.4.2 总结失败，从错误中接受教训

要想在工作总结中总结失败的原因，从而达到杜绝出现重复性问题的目的，就要善于总结失败的原因，从以往的错误中总结经验教训。并针对这些失败的原因，制定相应的解决办法。制定出相应的解决办法后，还要在之后的工作中进行不断地强化，以保证不再出现相同的错误。归结起来，可以将具体步骤分为三步，见图7－6。

图7－6 总结失败的步骤

李青是一家乳制品生产企业的中层。在进行工作总结时，李青发现产品的生产效率非常低。针对这一问题，李青分析了具体的原因：生产部门的人员分工并不明确；员工之间缺乏高效生产的意识。

针对这样的原因，李青制定了相应的解决办法：对生产部门的各个员工的具体职责进行了重新划分，确保每个员工的工作范围与工作职责都非常明确、具体；在员工之间大力宣传高效生产的重要性，让每个员工都能树立高效生产的意识。

在制定相应的解决办法后，李青还非常注意解决办法在工作中的强化。针对不同的生产任务，对生产人员的分配进行不断地调整，从而确保人员分配能够完全符合生产任务的要求；李青还经常组织员工培训，不断强化其高效生产的意识。

通过这样的方式，李青彻底地解决了在工作中总结出的问题。在之后的生产中，公司产品的生产效率得到了很大的提高。

7.4.3 制定纠错表，不断提醒自己

要想真正实现杜绝反复出现的问题，除了找出失败原因与解决方案外，还可以制定纠错表，不断地提醒自己。所谓纠错表，就是要将之前所犯过的错误通过书面表格的形式记录下来，随后在工作中经常翻看纠错表，以提醒自己不要重复犯错。

管理者利用纠错表，不但可以记录自己在工作中出现的错误，还可以记录下属在工作中所犯的错误。通过这样的方式，可以不断提醒自己在工作中应该注意哪些问题。如果不制定纠错表进行记录，即使发现问题的一段时间内可以保持不犯相同的错误，时间一长，则很有可能淡化意识，继而重复之前的错误。

张琳是一家著名网络公司的中层。每次做完工作总结，张琳都会将当天所解决的问题、具体的解决方法记录在纠错表中。并且，在平时的管理工作中，张琳会不断翻看自己的纠错表，查看之前自己或者员工在工作中出现的问题。在之后的工作中，张琳也会有意识地避免相应问题的发生。

通过制定纠错表，张琳不仅成功杜绝了在工作中出现重复性的错误，其工作也变得越来越简单。

7.5

脚本分析法，兵来将挡水来土掩

管理者做工作总结，不只是总结之前的工作，还要从中得出经验教训。除此之外，还要展望未来，通过对未来工作中可能出现的问题，预拟对策，未雨绸缪。此时，就可以使用脚本分析法。

所谓脚本法，又称为前景描述法、情景分析法。脚本分析法是以假定某种现象或者某种趋势持续到未来为前提，对预测对象可能出现的情况或引起的后果做出预测的方法。脚本法通常被用作对预测对象的未来发展做出种种设想或预计，是一种直观的定性预测方法。

使用脚本分析法，不仅可以总结过去的工作经验教训，为之后的工作提供一定的借鉴，还能够保证在之后的工作中，如果出现问题，可以拿出预先制定的应对方法轻松应对，而不至于由于没有提前准备而乱了阵脚。

7.5.1 脚本法的作用

脚本法在现代企业管理中有着重要的作用，见图7－7。

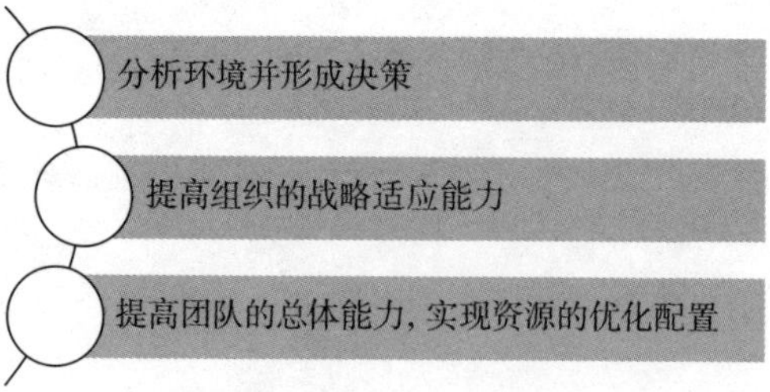

图 7－7　脚本法的作用

1. 分析环境并形成决策

脚本法的基本要求就是对之后一段时间内的工作进行预测。通过对之后的工作环境可能发生的变化，以及可能出现的问题进行分析，可以帮助企业预测有可能发生的风险。通过分析工作环境，可以针对分析结果制定工作决策，使工作决策最大限度地规避可能发生的风险。

2. 提高组织的战略适应能力

由于工作的外部环境、内部环境的变化，工作中随时都有可能出现各种各样的问题。在这样的情况下，企业只有具备一定的适应能力才能在工作中游刃有余。脚本法通过针对工作中可能发生的问题，预先制定几种不同的解决方案的脚本，从而大大提升组织的战略适应能力。

3. 提高团队的总体能力，实现资源的优化配置

如果对工作没有一个整体的认识，就很有可能在工作中造成资源浪费。脚本法通过预先对工作的整体判断，能够加强企业对于今后工作的整体认识，进而在工作中有效地配置资源，从而实现资源的优化配置。

7.5.2　脚本法的特点

脚本法具有一定的特点，见图 7－8。

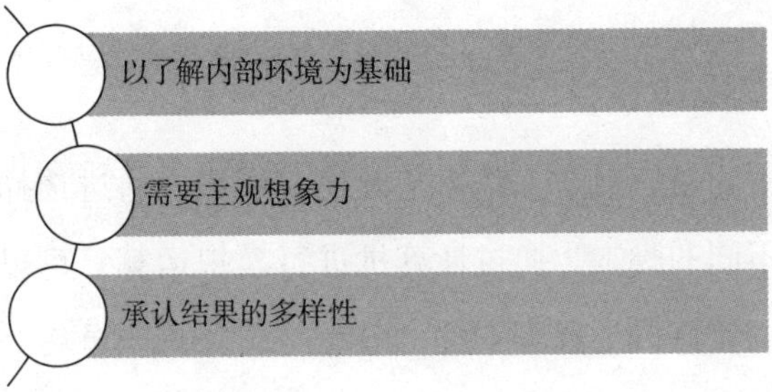

图7－8 脚本法的特点

1. 以了解内部环境为基础

管理者要想很好地运用脚本法，就要深入了解工作团队的内部环境。如果不了解内部环境，就无法有针对性地做出假设，那么之后所做的各种脚本、预案都是不符合工作团队的具体要求的。而这样的脚本对于工作团队来说，也毫无意义。

2. 需要主观想象力

脚本法需要对未来可能发生的问题进行预测，这就需要以了解客观的环境为基础，但另一个重要的方面就是要有主观的想象力。如果没有想象力，只根据环境特点无法完成对可能发生的问题的预测，同时也无法想象多种解决方案。

3. 承认结果的多样性

在运用脚本法时，所制定的脚本不止一种。脚本法就是要制定多种解决问题的方案，以应对不同的状况。从这样的工作方法中可以看出，脚本法承认结果的多样性。

7.5.3 脚本法的分类

根据脚本法针对的不同角度，脚本法基本可以分为定量脚本法与定性脚本法。

1. 定量脚本法

定量脚本法是以数学方法为基础建立模型，通过选择和调整其中的参数从而产生不同的脚本。通过计算机进行模拟运算，可以在短时间内产生大量的脚本。计算机生成脚本后，由专门的分析人员逐个分析每一个脚本的合理性，剔除不合理的脚本。

并且，如果改变其中一个变量，计算机就会重新产生一批完全不同的脚本。通过这样的方式，可以评价各个变量的不同作用，以及各个变量之间的关系。

当然，定量脚本法也有一定的优势和不足。

优势：可以得到大量的备选环境脚本，从而可以充分地分析出环境的各种情况。

不足：对之后工作的预测以及产生的脚本质量如何，都完全依赖于数据模型的建立以及参数结构的选择。所以，最终产生的脚本不一定完全适用于之后的工作。

2. 定性脚本法

与定量脚本法依赖复杂的技术而对之后的工作形式进行分析不同，定性脚本法更加注重通过人的思维、判断来识别重要的环境因素，以分析其中存在的规律。定性脚本法主张认识未来而非推导未来。不是像定量脚本法那样基于过去和现在的数据推导未来，而是通过主观打破常规观念，去"设想"和"认识"未来。

定性脚本法有其自身特有的优势，定性脚本法克服了定量脚本法中看似精确的复杂方法所固有的机械性，以及定量脚本法中由于变量数量的有限而产生的对未来认识的限制。

7.5.4 脚本法的步骤

实际上，要将脚本法应用于实际，中间需要经过复杂的工作步骤。而要想将脚本法应用在工作总结中，可以按照简化后的六个步骤进行，见图7－9。

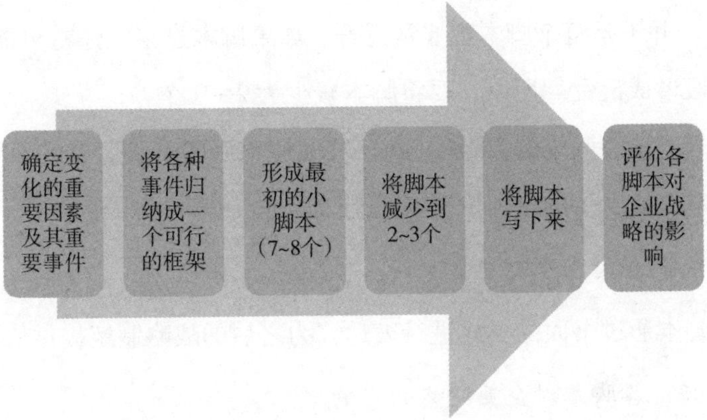

图7－9 脚本法六步骤

1. 确定变化的重要因素及其重要事件

确定变化的重要因素及其重要事件，就是要确定进行脚本分析时所用的变量。在选择变量时，需要注意所选择的变量应该是不确定的环境变化因素，且这些变化因素应该是非常重要的，能够对工作产生重要影响的。而对于那些可以预见的因素，则不可以作为变量。

在选择变量时，一定要注意突破个人的思想局限与固有观念，大胆想象。

2. 将各种事件归纳成一个可行的框架

这一步骤要求将确定下来的变量因素组合成一个有意义的、可行的框架，这也是脚本的雏形。

3. 形成最初的小脚本（7～8 个）

这一步骤是要从上一步中确定的框架中形成 7～8 个小脚本，对原有的因素事件组进一步分析、归纳。

4. 将脚本减少到 2～3 个

为了方便之后的执行操作，需要在之前确定的 7～8 个小脚本中选择出 2～3 个。并不是每个脚本都非常适合。如果脚本过多，还有可能在具体的执行阶段形成混乱。所以，要将脚本减少为 2～3 个。

此外，最终确定的 2～3 个脚本之间应该互为补充，避免重复。这样，才能应对之后发生的不同情况。

5. 将脚本写下来

将脚本通过书面的形式进行表达，为之后的战略制定提供依据。

6. 评价各脚本对企业战略的影响

在确定最终的几个脚本后，要对每个脚本进行深入地探讨和识别，也可以对脚本中所涉及的内容进行角色预演。这样不仅可以加深对脚本的认识，还能保证在之后的实行过程中更加有序。

7.6 管控风险因子，针对潜在风险预拟对策

在总结工作的过程中，管理者除了总结之前的工作，还要针对未来工作中可能存在的风险制定相关的对策，制定风险管控机制。与上文提到的脚本法不同（脚本法侧重针对可能存在的一个问题制定多个解决方案的脚本），风险管控机制则是要分析可能存在的多种风险，并针对不同的风险制定相应的应对策略。

管理者通常负责整个部门的管理工作，且会在管理工作中常常遇到各个方面的风险。因此，在总结工作的过程中，要学会针对不同的风险预拟不同的应对策略，以保证之后工作的有序进行。

7.6.1 针对财务风险预拟对策

很多管理者在管理工作中都会涉及到财务方面的问题，如财务部的管理者、采购部的管理者等。不论在哪个部门，管理哪些方面的工作，财务问题都是管理者必须重视的一个方面。在总结工作的过程中，针对财务方面可能存在的风险预拟相应的应对策略，能够帮助管理者在之后的工作中更加顺利，遇到问题时也不会因没有准备而手忙脚乱。

王丽是一家公司采购部的中层。由于采购部担任着替公司采购各种物品的责任，王丽在做工作总结时认为如果对财务监管不到位，很有可能出

现采购人员中饱私囊的问题，这对于工作的良性运营造成很高的风险。为此，王丽针对采购人员的财务问题制定了相应的风险管控机制，并通过制定相应的对策来避免风险的发生。如从基层采购人员，到采购小组的组长，再到采购部门的主要负责人，都要实行一级管一级式的监督；每次采购完物品，要将各个物品的实际价格进行总结，并将所用资金与物品一一对应，确保工作中没有出现采购人员中饱私囊的问题；如果一旦发现问题，就会对犯错的员工以及其直接上级进行处罚。

通过制定风险管控机制，员工在物品采购的过程中，也就有了监督机制，并会在工作中自觉按照规定办事。

7.6.2 针对生产风险预拟对策

生产环节是每个公司都有的工作环节，生产环节在公司的整体工作中占有举足轻重的地位。生产工作一旦出现问题，就有可能影响公司的整体前途命运。所以，管理者还要注意针对生产环节可能存在的风险预拟对策。

张超是一家公司生产部门的中层。通过对本部门工作的深入分析，张超认为生产部门的工作存在的潜在风险之一就是生产的产品质量参差不齐。这样的风险一旦成为现实，对整个企业的影响无疑是非常大的。为此，张超针对产品质量参差不齐这一潜在风险，制定了相应的风险管控机制。通过研究国家对于本类产品的相关标准规定，并结合自身企业对于产品质量的要求，制定了详细、具体的产品生产标准。此外，张超规定每个生产人员都要按照规定的标准进行生产，且生产的每个产品质量都要达到既定的生产标准。

通过设置一定的标准，员工在生产产品时就有了尺度，所生产的产品就有效避免了质量参差不齐的问题。

7.6.3 针对人员管理风险预拟对策

一个企业的工作效率如何，人员管理是一个关键的问题。如果人员管理混乱，企业绝不可能实现良性的运转。所以，人员管理方面可能存在的风险，也是管理者在进行风险控制时需要考虑的一个重要方面。针对人员管理方面可能出现的问题预拟对策，就能很好地规避可能发生的问题，从而使人员管理更加完善、有序。

刘玲是一家公司的中层，在针对工作中各种潜在的风险预拟相应的对策时，李玲重点关注了人员管理方面潜在的风险。

通过系统地分析，刘玲认为人员管理方面存在两个方面的风险，见图7－10。

图7－10 人员管理方面潜在的风险

1. 晋升制度混乱，任人唯亲

刘玲认为在人员管理方面，由于没有一定的晋升制度，导致员工晋升时任人唯亲。晋升不是看谁更有才能，而是看谁更有背景。这样风险的存在，无疑是人员管理的一个巨大隐患。为此，刘玲针对员工的晋升制定了一系列明确的标准，包括员工工作达到什么标准可以晋升，以及每年一共有多少次晋升机会等。通过这样的风险管控对策的设置，有效避免了晋升任人唯亲的风险。

2. 员工迟到早退现象严重

刘玲认为员工迟到早退现象严重，同样是人员管理方面存在的一个潜在风险。如果迟到早退成为一种现象，就会对企业的工作秩序造成混乱。为此，刘玲预拟了相应的对策。刘玲规定员工上下班必须打卡，如果有特殊情况需要请假，就要填写请假条，交由上级领导签字审核，领导同意之后才可以请假。通过这样预拟对策，刘玲很好地避开了员工迟到早退现象严重这一潜在风险。

第8章 复盘工作讲提升

所谓复盘，即每隔一段时间静态地回顾一下工作全貌，通过对之前整个工作流程的梳理，发现工作中存在的问题，找出解决问题的新思路、新举措，让工作能力得到持续提升。

8.1

成本意识：让每个资源都用在刀口上

对于任何一个企业来说，成本控制都是一项重要的课题。不论企业自身的实力有多雄厚，如果控制不好成本，都不会实现企业的长远发展。

因此，在管理工作中，管理者应该重视成本控制，并利用复盘工作的方式，回顾之前的经营过程，从而找出成本控制的切入点。

8.1.1 复盘工作与工作总结有何不同

很多管理者认为复盘工作与工作总结是一样的，做完工作总结就可以，没有必要再做复盘工作了。其实，复盘工作与工作总结有着本质上的区别。

工作总结仅仅是对某个项目完成的结果与目标进行对比分析，然后得出结论，如工作目标有没有完成，如果没有完成，具体的原因是什么；而复盘工作，则是对整个工作项目的准备过程、执行过程以及结果进行一次全面的回顾，即在脑海里重新经历一遍，从而斟酌某个环节进展不顺利的原因是什么，虽然最后完成了目标，但某个环节是不是还可以优化得更好。

8.1.2 复盘工作的作用

复盘工作的作用，主要体现在以下三个方面。

1. 避免犯同样的错误

复盘工作时，通过对之前工作流程的梳理，可以发现在工作过程中都出现了哪些错误。这些错误都是由什么原因导致的。通过对这些内容的总结，能够作为之后工作的经验教训，从而在今后的工作中避免出现同样的错误。

2. 及时做出调整

工作中，一些工作做不好，不是工作目标或者是工作方法制定得不好，而是在具体的实施过程中逐渐偏离了最初的方向，致使最终的结果不尽如人意。而复盘工作可以有效避免在工作中出现偏差。

工作完成一个阶段后，通过进行复盘工作，对之前的工作方式和工作内容做一次全面的梳理，就可以及时发现工作中出现偏差的地方，及时调整，保证工作方向的正确性。

3. 发现新思路

复盘工作是知识组成的重要来源，也是能力提升的重要方式。通过对工作的复盘，可以搜集很多新的信息，且能对之前的工作流程提出很多新的看法。从而发现和解决问题，最终形成完成工作目标的新思路。

8.1.3 复盘工作的步骤

在复盘工作时，需执行以下五个步骤，见图 8－1。

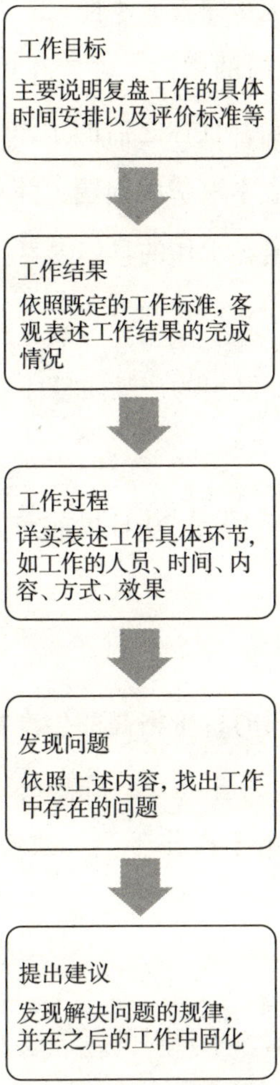

图8－1 复盘工作的五大步骤

8.1.4 用复盘工作实现成本控制

要想实现成本控制，把每个资源都用在刀口上，就要学会用复盘工作发现成本支出的漏洞，从而制定相应的解决办法，实现成本控制；通过复盘工作，可以回顾成本使用的具体情况，发现成本使用的不当之处，从而在之后的工作中加以改进，逐步完善成本控制。

张琳是一家公司生产部门的中层。在工作中，张琳经常通过工作复盘，来了解工作中出现的问题，且在之后的工作中进行改进。一次，张琳在进行复盘工作时，发现了成本浪费的问题，并在之后的工作中避免了同样问题的发生。以下为张琳复盘工作的具体内容：

1. 工作目标

在10月31日之前，按照既定的产品质量标准完成A批次产品生产。

2. 工作结果

A批次产品的生产工作于10月20日提前完成。产品质量合格。生产成本超出预算。

3. 工作过程

情景一：在选择生产材料时，价格高的生产材料质量肯定好，所以选择了最贵的生产材料。

情景二：生产过程中，由于操作不当，致使一批产品不合格，只能作废。

4. 发现问题

情景一的问题：只选贵的，不选对的，造成了材料成本浪费。

情景二的问题：没有按照操作要求进行生产操作，造成了材料浪费。

5. 提出建议

情景一建议：选择生产材料时，将生产材料的质量与价格综合对比，选择性价比最高的一种。

情景二建议：进行生产操作时，严格按照操作规范进行。

8.2 打造技能互补型团队

想要带领团队在工作中取得更好的成绩，就需要完善工作团队的配置。只有团队中的成员各自之间技能互补，整个团队的工作才是高效的。如果团队人员的技能出现重叠，就会造成人力成本的浪费；而如果一个团队中各成员之间的技能不能实现互补，那么团队整体的技能就会有所欠缺，同样不利于工作团队的高效工作。

因此，管理者要致力于打造技能互补型团队。

对于这点，管理者可以在复盘工作的过程中，观察分析各个成员自身所具备的技能，然后将各个成员的技能进行综合分析，通过改变人员配比，打造一个技能互补型的团队。

8.2.1 通过复盘工作发现技能欠缺部分

想要打造技能互补型团队，管理者就要通过发现团队中的技能欠缺的部分，有针对性地将欠缺的部分进行补充，以完善团队整体的技能，打造技能互补型的团队。

要找出团队中所欠缺的能力，可以通过对以往工作进行复盘，从具体的工作过程中寻找由于能力欠缺而出现的问题。

王刚是一家新媒体公司的中层，在打造技能互补型团队的过程中，王刚充分利用了复盘工作。通过回顾整个工作过程，王刚发现了工作团队中尚有欠缺的部分，从而有针对性地完善团队的技能。下面是王刚其中一次复盘工作的内容：

1. 工作目标

当天下午6点之前，编写完三篇关于励志方面的公众号文章（包含文字和图片），并发布在微信公众平台上。

2. 工作结果

文章发布时间为当天下午7点，较规定时间延迟了一个小时。三篇文章全部撰写完，并且发布到了微信公众平台。

3. 工作过程

按照发布微信公众号文章的要求，工作团队中的小张负责选择文章的选题方向；小李负责搜集相关文字以及图片资料；小王负责撰写并发布文章。

实际工作中，确定选题方向、搜集相关资料以及文章撰写都进行得非常顺利。但是由于图片的尺寸、版权以及颜色都需要调整，导致文章迟迟不能发布。最终，通过求助其他部门的同事完成了图片的修改。虽然文章成功发布，但是已经超过了规定的时间。

4. 发现问题

由发布微信公众号文章的整个工作过程中可以发现，导致文章发布时间推迟的最主要原因是工作团队中没有人会修改图片，从而延误了时间。

5. 提出建议

王刚通过对编辑并发布微信公众号文章这一项工作进行复盘，发现导致工作延误的原因主要是工作团队中没有人会修改图片，这也是团队技能欠缺的部分。为此，王刚专门招聘了一名精通图片修改技术的人员。通过这种方式，团队中的各个成员的技能互为补充，工作团队整体的工作效率也得到了提升。

8.2.2 通过复盘工作发现技能重复部分

要想打造技能互补型团队，除了要通过复盘工作找出团队工作中技能欠缺的部分，还要找出团队工作成员技能的重叠部分。

如果一个工作团队中，成员之间的工作技能出现了重叠，不仅会造成人力成本的浪费，还有可能产生矛盾，不但不利于工作的开展，并且不利于打造技能互补型的工作团队。

王思是一家网络游戏公司的中层。在打造技能互补型的工作团队的过程中，王思通过复盘工作，除了找出并弥补团队技能欠缺的部分，还发现了员工技能重叠的问题。通过进行人员调整，王思成功避免了团队成员技能重叠的问题。以下为王思复盘工作的具体内容：

1. 工作目标

在9月底完成新项目的开发工作，游戏成功上线。

2. 工作结果

游戏在9月底成功上线，按照既定要求完成了工作任务。

3. 工作过程

项目具体的要求公布后，相关的工作人员开始按照具体的项目要求开展工作。编程人员根据要求编写游戏程序；场景设计的人员按照具体的要求进行场景设计，并在设计之后交由上级领导审核，审核过后开始进行下一步工作；负责游戏图标设计的共有两名人员，这两名负责设计游戏图标的人员由于设计理念不同而产生了一些摩擦，但最终还是完成了设计工作。

4. 发现问题

王思通过对游戏设计的整个过程进行复盘，发现团队成员之间存在技能重复的问题。负责设计游戏图标的两名员工，在工作中常常由于设计理念不同而产生摩擦，不仅拖慢了工作的进行速度，还影响了同事之间的和谐与工作的有序进行。员工技能重叠的问题虽然没有影响最终的工作完成效果，但是非常不利于打造技能互补型团队。

5. 提出建议

王思通过复盘工作，发现了团队成员技能重复的问题。为了打造技能互补型团队，高效地利用人才，减少成员之间的摩擦，王思通过对比两名设计人员以往的工作成绩以及表现，辞退了表现较差的一位。通过这样的方式，王思不仅精简了团队的人员构成，降低了人力成本，还解决了团队人员技能的重复问题，使工作团队逐渐成为一支技能互补型的团队。

8.3 从“管理者”上升为“领导者”

管理者如果想要有更好的发展，自身实现突破，除了做好自己职责内的管理工作外，还要实现从“管理者”上升为“领导者”。

管理者与领导者具有明显的区别：管理工作是思维的产物，是一门科学；而领导工作则是符合了个性和洞察力的一种精神。与管理工作相比，领导工作称得上是一门艺术。管理者在实际工作中，主要负责将公司的资源进行整合，通过客观地分析所有可能掌握的信息，从而尽可能地制定出一套科学、有效的管理制度或管理方案；领导者在实际工作中必须具有前瞻性的想法，通过个人的直觉、洞察来决定企业的发展方向。勇于破坏秩序、挑战现状，从而为企业创造光明的未来。

管理者可以在复盘工作的过程中，进一步了解整个工作过程，并通过在今后的工作中做出改变，将领导者应该具备的素质作为今后工作的努力方向，从而实现从“管理者”上升为“领导者”。

8.3.1 导入全新的经营理念

要想实现从管理者到领导者的转变，首先要做的就是在组织工作中，导入新的经营理念，从在工作中单纯注重各个职位的职能，向在员工中确立共同的愿景、开发更多的人力资源以及激励员工互动的方向转变。

在复盘工作的过程中，管理者可以回顾自己的整个管理过程，从中发现哪些工作是可以朝着领导方向进行完善的。并通过找出自己在工作中的不足，以及在今后的工作中尽力改善，逐步完成由“管理者”到“领导者”的转变。

王先生是一家公司的中层，但是王先生并不满足于自己企业管理者的定位，而是不断从自身寻求突破，以期实现自己从“管理者”到“领导者”的转变。在复盘工作的过程中，王先生非常注重从回顾之前的工作过程中，发现可以由“管理者”到“领导者”转变的部分，然后在之后的工作过程中进一步加强。

一次，王先生在做工作复盘的过程中，发现了在员工管理方面可以提升的地方，如自己在管理员工时，只是完全按照员工的岗位要求对员工进行管理，而对于员工如何完成，以及个人状态都没有涉及。

基于从复盘工作的过程中发现的这一问题，王先生认为自己所做的工作只是一个管理者的工作，而不是领导者的工作。于是，王先生决定在之后的管理工作中改变自己的经营理念，除了关注员工的职位职能外，还要关注非职位权利的影响和运用。

为此，王先生在工作中制定了一系列发展计划，通过在员工中树立共同成长、共同提升的思想，使员工工作的积极性有了明显的提高。除此之外，王先生还非常注意对员工的激励。看到员工表现好的时候，王先生会马上表扬员工。员工受到上级表扬后，自信心得到了很大提升，工作也变得更加积极主动，进一步提高工作效率。通过这样的激励方式王先生实现了工作中的良性循环。

王先生通过转变经营理念，使自己逐步由管理者向领导者转变。

想要在工作中导入新的经营理念，可以从以下三个方面进行，见图8－2。

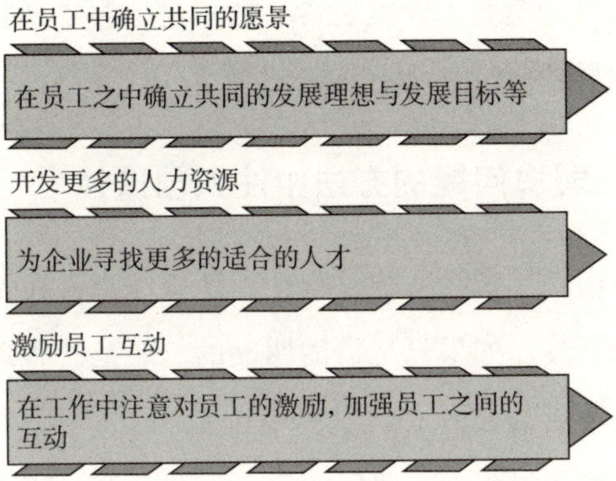

图 8－2 如何在工作中导入新的经营理念

8.3.2 注重更大范围的协调合作

要想更好地实现从管理者向领导者身份的转变，除了要在组织经营过程中注入全新的经营理念外，还要在平时的工作中注重协调合作以及发挥团队精神，用自己的热情鼓舞员工将工作做得更好。

此外，也可通过复盘工作，回顾之前自己在团队工作中所发挥的作用，思考自己在团队中的作用是否可以进一步提升，通过什么样的转变可以在团队中发挥更重要的作用。

李莉是一名中层管理者，为了寻求自身的突破，实现自己从管理者向领导者身份的转变，李莉通过复盘工作，发现自己作为营销部门的管理者，在整个工作中，将主要的精力都放在了自己部门的工作上，而没有注意与其他部门的相互配合。也就是说，她只是发挥了一个管理者的作用，并没有发挥出领导者的作用。

通过工作复盘，李莉在之后的工作中进行了相应的调整。比如：除了管理好自己的部门外，还非常注意与其他部门的协调配合。此外，李莉在工作中通常保持着很高的热情，这也使员工工作变得更加积极。

通过工作复盘，李莉不断发现自己的不足，并不断提升，使自己逐渐成长为了一名领导者。

8.3.3 在解决问题的方法中注入创造性

在从管理者向领导者转变的过程中，还要注意：在制定问题的解决方案时，要富有创新性。如果只是借助明确的、规范的管理工具和手段，无疑只能停留在管理者的层面上。

而在复盘工作的过程中，要回顾自己面对问题时所用的解决方法，并思考是否还有更加具有创造性的解决方法。

王宁是一名中层管理者。在复盘工作时，王宁发现自己面对问题时，通常都是按照既有的工具来解决问题。所用的解决方法没有创造性，非常不利于自身的提高。所以，王宁在之后的工作中，遇到任何问题都会思考有没有一些新的解决方法。在这一过程中，王宁不仅能够更好、更快地解决每个问题，还使得自己逐渐具备了领导者的素质和才能。

8.4 借鉴有创新，站在巨人的肩膀上

要想通过复盘工作使工作得到进一步提升，除了自己针对一个问题苦思冥想外，还可以通过借鉴其他工作案例来给自己提供依据，使工作获得进一步提升。但是，借鉴并不是完全地照搬照抄。每个企业的具体情况不同，即使出现的问题大致相同，但由于所处的环境以及涉及到的人员不同，其结果也会有所不同。所以，中层管理者在借鉴其他的工作案例时，要注意在原有的基础上做出一定的创新，使其更加适合自己的团队。

8.4.1 通过复盘工作发现需要改善的问题

在工作中，难免会出现一些工作内容或者工作方法不够完善的情况。为了让自己的工作能够更加完善，管理者就要通过对以往的工作进行复盘，从中发现哪些地方存在问题，哪些地方需要改善。发现需要改善的问题，才能够针对这些问题，寻找相似的案例，从中找出合适的解决方法。

某个管理者非常注重通过借鉴前人的经验来提升自己的工作。在这个过程中，这名管理者首先会通过复盘之前的工作，找出其中需要完善的地方，再有针对性地寻找相关案例。

以下是这名管理者对员工上一个月工作的具体情况进行的复盘内容：

1. 工作目标

完成本月既定的工作目标，并且保证产品的质量。

2. 工作结果

生产目标按时完成。

3. 工作过程

部门下属共5个生产小组，根据本月总体的生产目标，将生产指标平均分配到各个小组中，每个小组都要按时、保质、保量地完成生产任务。

每个生产小组下属20名员工，各个员工在实际的生产过程中表现参差不齐。有的员工工作非常努力，而有的员工工作时间磨洋工，滥竽充数。工作任务的完成基本上靠工作能力强的员工。

4. 发现问题

员工不论工作能力强弱，工作量大小，薪资水平都一样，导致干活多的员工不满薪酬设置，干活少的员工却越发懒散。

8.4.2 寻找相似案例，参照解决方法

在复盘工作中找到了需要改善的问题，下一步就要针对这一问题寻找相似的成功案例，然后从案例中挖掘合适的解决方式。

上文中的管理者在找出员工薪酬设置方面的问题后，为改善这一问题，查询了相关的案例。

某家大型电子生产企业的中层管理者在管理的过程中，发现位于生产一线的员工的月薪完全相同，但是实际工作中，有的员工工作能力非常强，而有的员工工作能力较差，甚至是在工作时间偷懒。所以，能力较强员工所做的工作要远远多于能力差的员工。可是，最终他们拿到的酬劳却是相同的。这样的情况使得很多有能力的员工感觉不公平，进而离职。公

司留下的都是那些在工作中散漫的员工，公司的生产效率也逐渐下滑。

为了改善这种情况，管理者实行了绩效考核制度：每个员工的底薪相同，绩效部分则按照员工自身完成的工作量确定。工作完成得越多，所获得的酬劳也就越多。通过这样的方式，有效解决了之前的问题，员工干劲十足。

其他管理者寻找相似的案例以及解决方法时，可以参照以下方法，见图8－3。

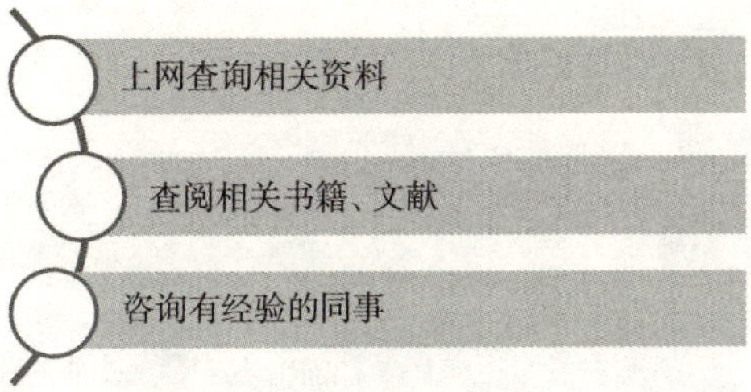

图8－3　如何寻找相似案例

8.4.3　在借鉴基础上做创新

管理者在借鉴前人的经验时，要注意不能照搬照抄。虽然问题的大致情况类似，但还是有很多细节上的不同，如员工的素质高低、人员数量多少，以及企业自身的实力等。如果在不做任何改变的情况下，将找到的方法全部“安”在自己的工作中，不但不会起到与案例相同的效果，还有可能由于方法不合适而出现更多的问题。

在找到相关的案例后，要根据自身企业的实际情况，将解决方案做相应的调整与创新，使解决方法真正适合自己的工作需要。这样，不仅能够解决当前存在的问题，还能够使管理者自身的工作能力得到进一步提升。

上文中的管理者在找到了相关的案例后，并没有直接将案例中展现的方法运用到自己的工作，而是将工作方法与自身企业的实际情况结合，进行相应地调整和创新。

这名管理者在分析解决方法的过程中，认为案例中的解决方法如果用在自己所负责的部门中，很有可能出现一些问题。如薪酬的高低如果只是按照工作完成的数量计算，很有可能出现员工一味地追求数量，而忽略了产品质量，从而导致产品质量降低的问题；如果一些员工不思进取，只是想着拿底薪，就会在工作中好吃懒做，给企业造成很大的损失。

通过这样的分析，这名管理者在原有的解决方法上做了一定的创新，见图8－4。

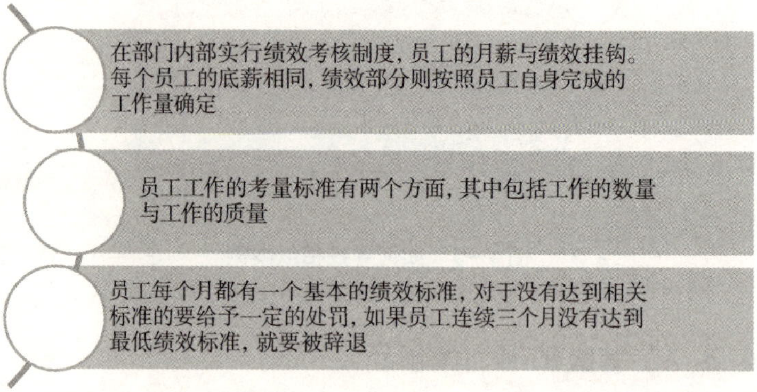

图8－4　中层管理者重新制定的解决办法

通过对比可以看出，这名管理者通过借鉴、创新，最终制定的解决方法比案例中的解决方法更加全面，不仅使工作方法更加适合自己的部门，也使自身的能力有了很大的提升。

8.5 树威用原则，勿让角色缩水

管理者要树立一定的威信，否则就无法将各项工作有效推行下去，管理工作也会遭遇各种困难。

要树立威信，并不是简单粗暴地管理下属，这样只能让下属怕你，而树立威信则是要下属既怕你又敬你。所以，中层管理者要想在下属之间树立一定的威信，则需要遵循一定的原则与规律。

如可以在复盘工作的过程中，通过回顾之前的工作，找出可以在什么样的工作中，通过什么样的方法树立威信。通过这样的方式，增加自己在下属之间的威信，减少管理者角色的缩水。

8.5.1 用宽严相济树威

在实际的管理工作中，管理者对于下属员工的管理要做到宽严相济，既要有严格的管理制度，又要做到“宽”，即宽宏大量，既往不咎。

张丽是一名中层管理者，在进行工作复盘的过程中，张丽发现自己在树立权威方面存在一些问题。在管理工作中，张丽一直都非常严格，她认为只有严格的管理才能保证员工在工作中不出或是少出差错。

一次，员工由于身体不舒服，导致上班时迟到了5分钟。张丽看到后，对这名员工进行了严厉批评，并且扣除了这名员工三天的工资作为处罚。

对此，这名员工感觉到处罚过于严厉，其他员工也认为张丽的处罚太过分了。通过这样的管理方式，员工表面上都很怕张丽，但在内心却是非常怨恨张丽的。

通过对之前的工作进行复盘，张丽认识到了自己在管理下属时存在的问题，并进行了调整。在之后的管理中，张丽尽量对员工做到宽严相济。遇到员工出现问题时，张丽依然会根据规章制度对员工做出相应的处罚。但与之前不同的是，张丽会询问员工出现问题的原因，并帮助员工解决实际问题。通过这样宽严相济的管理，张丽逐渐在员工中树立起了威信。

8.5.2 用率先垂范树威

管理者要想树立威信，就要在工作中敢为人先，遇到难题率先垂范。员工不能做、不会做的，管理者就要做出表率。通过这样的方式，让员工敬佩，从而在员工心中树立自己的威信。

李玲是一名生产部门的中层，在对之前的工作进行复盘时，李玲发现自己没有在工作中起到表率作用。一次，公司新进了一批技术先进的生产设备，员工对生产设备的使用都不熟悉。而自己并没有率先使用设备，给员工做出示范，以致员工只能慢慢地摸索。这样不仅降低了部门的工作效率，也没有体现出作为部门领导的作用。

认识到自己的问题后，李玲在之后的管理工作中，非常注意通过在员工中率先垂范来树立威信。一次，一名员工在生产中出现了问题，导致生产出来的产品全部不符合标准。在其他员工都无法解决这一个问题时，李玲亲自检验生产设备，通过不断地调试，最终找出了问题所在，帮助员工解决了难题。

通过这样的方式，员工们都对李玲心服口服，李玲也逐渐在员工之间树立了威信。

8.5.3 用正确用权树威

管理者想要在员工心中树立一定的威信，必不可少的就是要学会正确用权。所谓正确用权，主要包括两个方面，见图 8－5。

用权力做实事

所谓用权力做实事，就是要求中层管理者对于自己手中的权力有一个清醒的认识，用权力服务好上级，并为下级谋福利，完成自己职责内的工作

避免以权谋私

中层管理者要想做到正确用权，就要避免以权谋私。只有做到刚正不阿，两袖清风，才能真正在员工中树立威信

图 8－5 正确用权的两个方面

王刚是一名中层管理者，在进行工作复盘时，王刚发现自己在树立威信方面存在一些问题。一次，公司内部要根据员工平时的表现，在员工中评选出三名优秀员工。王刚就运用手中的权力，推选了工作成绩并不突出的亲戚。而这引起了部门其他员工的强烈不满，都认为王刚是假公济私。

发现这一问题后，王刚在之后的工作中非常注意对权力的使用。如不论是对员工升职加薪还是对犯错误的员工进行处罚，王刚都一视同仁，不会因为私人关系而影响自己的决定。

通过这样的方式，员工逐渐觉得王刚做事非常公平，自然就更加敬重他。

8.5.4 用求真务实树威

要想在员工中树立威信，除了以上几点，还要做到求真务实。所谓求真务实，就是在工作中不要说大话、说空话。要通过真抓实干做出成绩，一切以公司以及员工的利益为出发点，不图虚名，多办实事。这样，管理

者自然能够在员工中树立起威信。

赵伟是公司的中层管理者。通过工作复盘，赵伟发现了自己在工作中存在的一些问题。赵伟发现，自己在工作中总是喊口号，而没有通过实际行动做出成绩。这不免让自己在员工心目中的形象缩了水。

为此，赵伟在之后的工作中做出了一定的调整。在工作中赵伟不再喊口号，而是通过努力工作，将工作做到实处，做出成绩。经过这样的调整，赵伟在员工中也逐渐树立了威信。

8.6 高效靠协调，将精力集中在重要工作上

中层管理者负责整个部门的工作运行，其中包括各方面大大小小的工作。如果不能很好地协调，工作中就容易出现混乱的情况，工作效率也会随之降低。只有分清主次，将工作协调进行，管理工作才会变得有序。

因此，管理者除了在工作之前绘制工作清单，找出工作重点，还需要学会在复盘工作中了解各项工作的性质，将精力集中在重要工作上，通过完成各项工作之间的相互协调，提高工作效率。

8.6.1 复盘工作进一步了解工作特点

要想通过复盘使工作更加协调，从而提升团队的工作效率，首先就要通过复盘工作进一步了解不同工作的特点，以及各项工作在工作中发挥的具体作用。通过了解不同工作在整体工作中所处的重要性高低，调整之后的工作重点。

张思是一家公司的生产部门的中层，由于张思所负责的部门的工作效率一直都很低，所以张思决定通过复盘工作找出工作中存在的问题，从而提高团队的工作效率。

首先，张思对之前一周内的工作进行了复盘，用以分析各项工作在整体工作中所占的位置。以下为张思复盘工作的具体内容。

1. 工作目标

完成一周内的部门相关工作，包括完成产品生产任务、每天撰写工作日志、配合财务部门以及采购部门完成相关的工作。

2. 工作结果

既定的一周的生产任务没有按时完成，配合财务部门以及采购部门完成了相关的工作；工作日志有两天没有时间写。

3. 工作过程

每天按照相关的操作程序生产产品。其中，由于周三要与采购部门商议具体的生产材料种类，致使大部分工作时间被占用。尽管加班加点完成了产品生产任务，却没有时间撰写当天的工作日志；周五要与财务部门就生产成本的问题开会讨论，但由于开会的时间过长，导致当天的生产任务未完成，工作日志也没有时间撰写。

4. 发现问题

从回顾上一周的工作内容，可以看出，由于各项工作之间没有很好地分配时间，导致产品生产任务没有完成；每日撰写工作日志的任务也没有完成。

5. 提出建议

在今后的工作中，要注意各项工作之间的协调配合，合理分配工作时间，避免出现因工作层次不清楚、工作时间分配不合理，而导致的工作任务不能按时完成的问题。

通过对之前一周的工作进行复盘，张思发现了工作过程中存在的各种问题，也通过复盘工作了解了本部门各项工作的各自特点。这为张思之后进行调整工作节奏，提高工作效率打好了基础。

8.6.2 找出其中的重点工作

要想通过复盘梳理工作方式，实现更方便地进行工作协调以及提高工作的效率，就要从中找出重点工作。在管理的过程中，管理者不可能做到事无巨细，只有将主要的工作精力放在重点工作上，才能让其在工作过程中更加有条理，而不至于精疲力竭。

上文中的管理者张思，在针对上一周的工作做完复盘，找出了其中的重点工作。她认为，自己所负责的部门的工作包括以下几项，见图8－6。

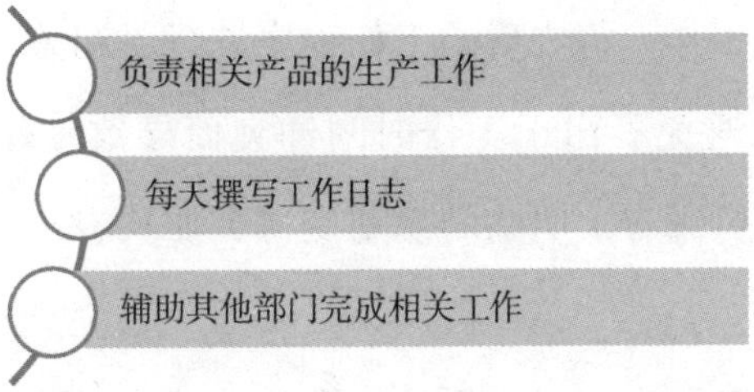

图8－6 部门的主要工作

通过这样的方式，张思根据自己部门的主要职责，明确了工作重点。

8.6.3 将各项工作有序安排

通过复盘工作，在找出了工作中出现的问题、所涉及的工作种类以及哪些是重点工作后，管理者就要根据工作的重要性对工作进行排列，将主要精力放在重点工作上。通过将工作合理安排，就可以保证工作的有序进行，避免由于工作安排不妥当而导致各项工作出现冲突，最终导致工作延误。

上文中的管理者张思在明确了部门需要做的工作，并找出其中的重点工作后，将各项工作进行综合分析，针对不同工作的重点，安排了各项工作的具体工作方式和工作时间。

张思认为，应该将主要的精力放在生产产品这一项重点工作上，其他类似撰写工作日志以及辅助其他部门的工作，可以给重点工作让步。所以，张思在进行工作复盘后，对之后的工作做出了相应的调整：为了不再发生由于工作出现冲突而致使规定的工作不能按时完成的情况，每天要规定特定的生产数量，且必须要完成；如果出现了需要配合其他部门完成的工作，就要安排专门的人员与其他部门的人员进行对接，以完成这类辅助工作，避免出现需要辅助其他部门完成的工作时，放下生产工作；每天的工作日志，则要放在下班之后写，总结一天的工作过程、工作问题以及工作心得。

张思通过复盘工作，将之后的工作程序进行了调整，不仅使各项工作进行更加有序，也避免了由于工作时间冲突而导致工作任务完不成的情况。此外，工作人员因有了明确的规划变得更加从容，工作效率也有了明显的提高。

由张思通过复盘工作完成工作的协调的案例，可以将其总结为以下工作步骤，见图 8－7。

图 8－7 复盘工作完成工作协调的步骤

8.7

学习重实践，让知识产生双倍推力

在复盘工作的过程中，管理者可以认识到自己在工作中存在的不足，并针对工作中存在的不足寻找相应的解决办法。而找出解决办法后，就要将学习到的理论运用在实际工作中。只有将理论知识运用于实践，才能真正让学习到的知识在工作中发挥应有的作用。如果学习到的理论不能应用在实际工作中，学习也就失去了意义。

因此，管理者复盘工作的重心是：是否把理论运用到实践工作中，是否存在发现问题却未解决问题的情况。

8.7.1 复盘工作，发现理论无法实践的原因

很多管理者都有这样的困惑：我明明学习了很多工作与管理方法，理论我都懂，但是就是无法将这些方法运用到实际的工作中。

在解决这个疑问前，先看看自己是否存在以下三个方面的问题，见图8－8。

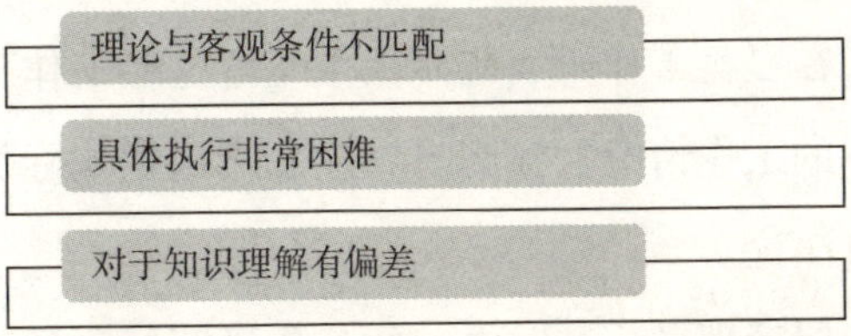

图8－8 无法将理论应用于实践的原因

1. 理论与客观条件不匹配

我们学习到的各种方法、理论，都有其特定的适合前提，需要一些既定的条件才能够成立，如果客观条件发生了变化，理论很有可能就变得不再适用。

在这样的情况下，如果所学习到的理论知识的适用背景、适用条件与中层管理者所处的环境不同，那么管理者就很难将所学到的理论知识运用到实际的工作中。

2. 具体执行非常困难

要想将学习到的理论知识运用在实际工作当中，不仅要理解理论方法，还要会执行。而“懂理论”与“会执行”是两个完全不同的层面。即使管理者对理论方法吃透了，如果在具体的执行阶段无法有效执行，工作方法在实际的工作中同样不能发挥作用。

3. 对知识理解有偏差

要想将理论运用于实践，前提是要能够透彻理解工作方法。很多管理者常常是对工作方法理解不透彻、不全面，仅仅学到了一些皮毛，就妄图改善工作方法，这样是行不通的。只有正确、全面地理解所学到的理论知识，才有可能将其运用在自己的实际工作中，让其发挥应有的作用。

8.7.2 复盘工作，构建自己的方法论

通过上文可以得知，理论无法运用于工作实践的原因，是理论所适用的背景条件或是他人的经验，与自身所处的客观条件不匹配。

因此，管理者在复盘工作时，就要注重考虑这些工作理论是否合适自己？是否符合实际的工作情况？找到答案后，再根据实际情况，构建一套属于自己的工作方法论。

张超是一名中层管理者，在对之前的工作进行复盘的过程中，张超发

现自己在工作中存在的一些问题，并针对这些问题搜集了很多相关的资料，然后对这些资料进行了深入地分析，从中找出符合自己实际情况的方法。通过将这些方法进行重新组合，张超制定出了一套适合自己企业的工作方法。由于这套工作方法非常适用于实际的工作需要，使得在实际的推行过程中，很快就运用到了实际工作当中。

构建自己的方法论，需要做到两个方面：

1. 吸收

所谓吸收，就是要在发现问题后，针对要解决的具体问题，利用各种渠道去广撒网的吸收现成的理论，如自己提炼的碎片化经验、书上的知识、互联网上的信息以及其他的案例等。

2. 重组

所谓重组，就是在搜集大量的相关知识与案例后，将所有杂乱的、碎片化的信息，按照不同的纬度进行多次重组，从而在这个反复的过程中，慢慢构建起相对完整的方法论，让其真正成为自己的知识，为自己所用。

8.7.3 复盘工作，衡量实际效果

复盘工作的最终目的都是为了“效果”，如果最终效果不好，一切都是枉然。因此，管理者在复盘工作时就要着重考虑，自己所运用的理论知识的实际效果如何。如果效果不好，可以通过一些方法的运用来保证最终效果的取得，见图8－9。

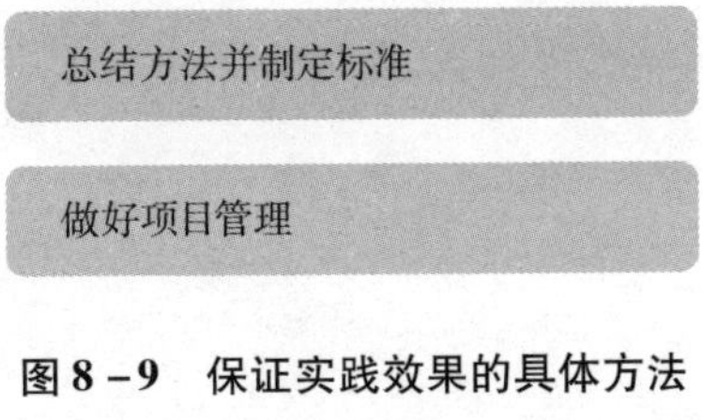

图8－9 保证实践效果的具体方法

1. 总结方法并制定标准

要保证实践效果，就要注意在具体的实施过程中，总结方法并制定标准。

所谓总结方法，就是要求在实施过程中，每一个工作环节都要总结工作方法，避免在工作中出现过多的失误。

所谓制定标准，是指在执行过程中，为减少可能出现的差错，制定相应的标准，确保实施效果的统一。

2. 做好项目管理

工作的执行阶段，是由每一个具体的工作环节构成的。只有做好每一个工作环节，整体的工作才能够有效执行。所以，在具体的实施阶段，不论什么样的工作，管理者对每一个工作环节都要做项目管理。通过对每个工作环节做项目管理，让工作过程更加具有可控性，同时保证团队成员的工作进度一致，提升其工作效率，从而保证工作的执行效果。